CUENTOS IMPACIENTES POR SER CONTADOS

EL PESO DE LOS DÍAS

125

HENRI GOUGAUD

CUENTOS IMPACIENTES POR SER CONTADOS

EDICIONES SÍGUEME
SALAMANCA
2025

Cubierta e interior: imágenes digitales a partir de *Kleine rhythmische Landschaft* (1920) y *Ort-Zeichen* (1926), ambas de Paul Klee

Traducción de Mercedes Huarte Luxán
sobre el original francés *Contes impatients d'être vécus*

C/ García Tejado, 23-27 - E-37007 Salamanca / España
Tlf.: (+34) 923 218 203 - ediciones@sigueme.es
www.sigueme.es

ISBN: 978-84-301-2248-6
Depósito legal: S. 78-2025
Impreso en España / Unión Europea
Imprenta Kadmos, Salamanca

A MODO DE PRELUDIO

La vida es algo muy tierno,
y fácil de perturbar.
(Montaigne)

Es mejor que admita sin rodeos que no deseo instruiros; más bien, mi (desmesurada) ambición es fascinaros, porque creo que, sin una curiosidad anhelante, sin ganas de quedarse boquiabierto, sin una inocencia confiada, no hay unísono posible, no hay verdadera comunicación, no hay felicidad compartida. Y yo deseo veros felices.

Digo todo esto para expresaros sencillamente el motivo que me ha impulsado a contaros los cuentos que pueblan este libro. Si os escribo es, en realidad, porque me obliga el imperioso deseo de conmoveros, de que sintáis la misma emoción que he sentido yo en el momento en que he descubierto cada una de estas historias. Confieso que deseo haceros olvidar todo lo que podría apartaros de sentir asombro, de notar un tierno flechazo. De hecho, a vosotros y a mí nos recorre el mismo deseo. Imaginaos que os hace gracia un chiste. No transmite ninguna información útil y, sin embargo, enciende en vosotros (¿con qué mágico resorte?) el deseo más o menos urgente de contárselo al primero que llega. Además, así es como los cuentos tradicionales se han perpetuado. No ha sido, desde luego, por el prestigio de sus autores (no tienen autores, y menos de prestigio), sino por la extraña obligación que se ha experimentado, a lo largo de los siglos, de no guardarlos para uno mismo. De compartirlos.

El cuento es un elixir fabricado por no sabemos qué boticario celestial. Hace bien allí por donde pasa; esa es su cualidad más patente. Su vida es sospechosa y generalmente poco considerada. Dicen que no es sano «contarse cuentos», hacerse ilusiones. Sin embargo, aunque nadie, por lo general, crea en tal o cual viejo relato, no por eso deja de estar activo. ¿Me atreveré a decir: de estar vivo? Tengo múltiples pruebas de que los cuentos, esas ilusiones fecundas, pueden tranquilizar, instruir, salvar a la gente de la desesperación, incluso de la muerte, sin que sepamos verdaderamente cómo lo hacen. Algunos maestros sufíes afirman que la historia adecuada, narrada en el momento adecuado a la persona adecuada, puede cambiar el curso de una vida. Yo estoy seguro de ello. Y me digo que, tal vez, eso a lo que llamamos la realidad, tan fluctuante, tan múltiple, tan efímera, no es más que una apariencia demasiado indecisa para ser fiable.

Sé que cierto rechazo de lo real es el fundamento mismo de todo progreso humano, en la medida en que se necesita haber soñado con tener un techo para abandonar la caverna o para dejar de dormir a la intemperie. Sé que los mitos, las verdades irracionales, las viejas historias pacientemente contadas en el transcurso de los siglos, son a la postre más duraderos que las murallas mejor armadas de cañones y de certezas. Pensad en nuestra muy antigua obsesión por volar, por desplegar en lo alto del cielo unas alas conquistadoras. ¿Existirían hoy los aviones sin el mito de Ícaro, mil veces repetido?

Imposible es imposible. Ya no sé quién dijo esto, quizá un sabio hindú; pero, si yo creo en algo, es en estas palabras. ¿Y si los cuentos estuvieran más rebosantes de verdades que las disertaciones realistas más precisas? ¿Y si tuvieran la capacidad de traer al mundo ese imposible? ¿Cómo? Sólo ellos lo saben, tal vez. Pero ¿es verdaderamente una casualidad que alimenten, que protejan, que conserven vivo, desde tiempos inmemoriales, el sentimiento amoroso? Al permitir que nuestros corazones latan al unísono, al tierno calor de un relato, ¿acaso no pueblan el mundo de un amor más verdadero, más presente que la supuesta realidad? ¿Y si esa atracción mutua que experimentan los seres humanos fuera, no sólo la condición primera de la supervivencia de la humanidad, sino también nuestra (casi) única razón para vivir? ¿Y si, a fin de cuentas, los cuentos fueran tan necesarios para nosotros como los árboles, las fuentes, las hierbas y las casas?

Los cuentos nos acompañan desde que sabemos hablar. No nos han abandonado nunca, por poco que les hayamos permitido franquear el vado de nuestra razón. Nos han ayudado a sobrevivir a nuestras guerras, nuestras pestes y nuestras revoluciones; a atravesar los montes, los desiertos y las peores tempestades del mundo. Están ahí todavía, incapaces de decir su fecha de nacimiento, de nombrar el país donde vieron la luz, pero siempre dispuestos a despertar esa verdad de la buena que es el deseo. ¿Y qué nos dicen en este siglo desvencijado en el que debemos inventar nuestro modo de vivir juntos? Dicho en pocas palabras: invitan al que quiere a adentrarse en un camino que, extrañamente, conduce al prójimo, sin duda, tanto como a nosotros mismos.

No predican nada a nadie, no tienen que difundir ninguna información, no entran en ningún debate político o teológico. ¿Dónde se encuentran, entonces? En la vida. No en la existencia social más o menos bien pagada, sino en esa música del corazón del mundo que acompasa los descubrimientos, los amores, los nacimientos y los aprendizajes, las luchas sin testigos, las dificultades, los duelos, las despedidas y los reencuentros, la luz en el corazón de las tinieblas. Sabed que en cada etapa del camino hay siempre un cuento para hablaros del valor de ser escuchado, para ayudaros a ver más claro, para apaciguar lo que puede estar alterado. En una palabra, es hora de que os deje en su benéfica compañía. Os deseo bonitas emociones.

Agradecimientos

Gracias. ¡Qué pobre resulta esta palabrita para expresar ese buen viento que a veces nos lleva hacia algunos amigos bienhechores! Pero, a falta de algo mejor, gracias a aquellos cuya fidelidad alimenta y conserva vivos los cuentos, a aquellos que han hecho, tal vez sin darse cuenta, un gran bien a este libro y a su autor.

«No nos salvamos por el amor que recibimos, sino por el que damos», dijo ya no recuerdo qué justo. Vosotros, cuyas voces y cuyos relatos resuenan en mí en las horas de soledad, no podéis saber hasta qué punto habéis sido donantes insustituibles.

A la vida también, muchas gracias.

I
VENIR AL MUNDO

Si quieres trazar recto tu camino,
enganch a tu carro a una estrella.
(Proverbio bereber)

LA FUENTE DE LOS CUENTOS

En el principio de los tiempos hubo una mujer en el fondo de una caverna, entre cazadores que dormían. Estaba en vela, preocupada. Estrechaba en sus brazos a un niño apenas vestido con una piel de animal. El niño tenía miedo y frío. Lo ignoraba todo de la noche, de los gritos sin cuerpo en el follaje, de los crujidos en los matorrales, de los seres silenciosos y oscuros que merodeaban alrededor del refugio. Su vida dependía únicamente de su madre. Él lo sabía. Ella también. Todavía no se habían inventado las oraciones. Había que calmar a esa criatura que tiritaba, pero ¿cómo? Ella lo desconocía. Dejó escapar su voz frágil y comenzó a cantar muy suavemente. El niño se calló. Entonces ella le dijo palabras sencillas, y la oscuridad se apaciguó; le canturreó su ternura, y fue tierno el hueco de sus brazos; le murmuró que pronto el día despertaría a la vida, y él tuvo la fe de los niños, esa a la que no puede vencer ningún demonio.

Esa mujer, aquella noche, inventó el fluir infinito de los cantos y de los cuentos del mundo. Los torrentes, los ríos de historias en los que les gusta bañarse a nuestras almas proceden de aquella fuente, de la boca de una madre preocupada por su niño que no duerme. Recuerda esto de vez en cuando. No hay un cuento en este mundo que no exista por amor a ti.

EL TAÑEDOR DE LAÚD

Wen había nacido músico. De su erudito padre no heredó el gusto por las bibliotecas, ni de su refinada familia el de los banquetes. Prefería la voz del laúd. Cuando lo escuchaba, sentía que abandonaba su cuerpo y su mente quedaba en blanco. ¿A quién podía confiar sus emociones en medio de tanta palabrería? A nadie que gustase del ruido de las palabras. Obligado a cursar los estudios clásicos por imposición familiar, prefería acudir en secreto a la casa de un maestro retirado para aprender a tañer el laúd. Fracasó, por supuesto, en los exámenes para mandarín. Tal fue la vergüenza que sintió su padre, que el irrecuperable Wen tuvo que huir sin nada del palacio imperial. Así que se hizo músico ambulante.

Pues bien, un día en que tocaba en la plaza de un pueblo, divisó entre la gente a un viejo que pasaba encorvado sobre su bastón de boj. Por un instante, el hombre escuchó en cuclillas con los ojos entrecerrados a la sombra de una higuera; después colgó sobre su hombro el fardel y se marchó. A Wen le pareció atisbar un instrumento en el viejo saco de tela. De inmediato, corrió tras él y, al alcanzarlo, le dijo:

–Disculpa, apenas soy un aprendiz y tú pareces saber de música. Te ruego que me des tu opinión sobre mi técnica y el modo de progresar en este arte.

Habían llegado a la linde del bosque. El viejo hizo una mueca discreta y ladeó la cabeza.

–Tus dedos son ágiles –dijo–; lo suficiente para emocionar a unos campesinos extenuados, pero por desgracia poco inspirados para hacer bailar a los pájaros.

Y, sin añadir nada más, continuó su camino.

Wen, testarudo, lo siguió a distancia. Al fin, cuando comenzaba a atardecer, el viejo se recostó soñoliento bajo un árbol y sacó un laúd. Wen se ocultó detrás de una roca. La música que brotó del laúd hizo estremecerse al oscuro follaje. El joven, anonadado, vio dos grullas blancas que se posaban en el camino, repentinamente inundado de luz. Cantaron y bailaron como en época de cortejo, al son de la melodía que surcaba el aire en calma. El laúd calló. Volvió el silencio. Las grullas emprendieron el vuelo hacia el crepúsculo. Entonces Wen corrió hacia el anciano, se arrodilló a sus pies y le rogó suplicante:

–Maestro, enséñame.

El otro asintió con un movimiento de cabeza.

El aprendizaje fue arduo. En ocasiones, el anciano tenía paciencia; otras, los bastonazos urgían a lograr la perfecta ejecución de los menores acordes. ¿Estaba contento? Nunca. Mas una tarde, por fin, sonrió.

–Ya eres músico, hijo mío. Pero todavía no has alcanzado el corazón del arte al que servimos. Te falta abrir una puerta en tu interior, y eso tienes que hacerlo solo. Cuando hayas franqueado el umbral, vuelve a verme. Te esperaré en la gruta de las Flores de Jade, junto a la montaña de los Tres Picos. ¡Buena suerte!

Se despidieron. Uno se fue al este y el otro al oeste.

Después de tres años de lluvias, nieves y soles, Wen llegó al final del camino y se dirigió con los brazos abiertos a su maestro, que lo esperaba a la puerta de su tosco hogar. Le brillaban los ojos, estaba radiante. El corazón le daba vueltas en el pecho como una tormenta benéfica.

–Bendice a tu hijo –exclamó–. Quince días atrás, toqué en casa de un prefecto. Cuando una melodía otoñal nublaba los ojos de los invitados, irrumpieron en la sala rachas de viento húmedo, hojas muertas y retazos de bruma. Dime: ¿he abierto la puerta que permanecía cerrada en mi interior?

El anciano le observó con una mirada penetrante y añadió impaciente:

–Sígueme.

Caminó por el bosque hasta el borde del lago del Cielo en el Agua, donde se detuvo sobre una roca y dijo a Wen:

–Toca algo que despierte el viento de invierno.

El joven afinó su laúd y sopló la punta de sus dedos. El canto se elevó, límpido, hasta unirse con los pájaros, allá arriba, en el aire en calma. El viejo, primero sereno, después irritado y por último furibundo, exclamó:

–Oigo notas y más notas, pero ¿dónde los árboles deshojados, la excelsa nieve, el viento inclemente, el lago helado? ¡Pobrecito! En casa del prefecto hubo una corriente entre dos puertas ¡y perdiste el juicio! ¿Acaso tocas? Tan sólo te engríes. ¡Y yo que esperaba de ti la música del corazón del mundo!

Se abalanzó sobre el aprendiz, empuñó su laúd y lo destrozó contra las rocas. Wen dio un gemido, se agarró el pecho y sintió que se le rompía el corazón. Pasó toda la noche sollozando.

Por la mañana el viejo lo condujo hasta la orilla del lago, mandó que se sentase en una roca y le tendió su propio laúd, diciendo:

–Es tu última oportunidad. Sólo quiero escuchar la verdadera música del invierno. Si sigue huyendo de ti, hijo mío, tu desgracia será la mía. E iré a morir entre las aguas del lago.

Wen inclinó la cabeza y tocó. Ya no tenía corazón donde suscitar la esperanza, ni cuerpo donde alimentar su deseo de belleza. Tocó para nadie, tocó para el invierno que reinaba en su alma deshecha. Pronto se levantó gimiendo un viento de nieve. Wen levantó la cabeza. Divisó a lo lejos a su maestro, que parecía caminar sobre las aguas; pero no, el lago se había helado. Su mano se quedó en el aire. Su melodía calló. Entonces, en la borrasca, oyó la voz del viejo que le gritaba, alborozado:

–Sigue tocando, continúa; ¡si no, me hundo y me ahogo! Es mi regalo, hijo mío, el regalo de despedida.

Sobre el hielo refulgente de sol, una grulla desplegaba sus alas. Majestuosa, se alejó hacia los Tres Picos lanzando un grito semejante a la risa de un niño.

EL ESCONDITE

Es un día de verano, el sol luce indolente entre los árboles del jardín. Rabí Baruj, en su viejo sillón de mimbre, contempla a los niños, que rompen el aire azul con chillidos, risas y exclamaciones. Juegan al escondite. Yahel, su nieto, parece haber descubierto un hueco en una roca imposible de encontrar. «Qué listo es», se dice Baruj. El niño está contento. Sonríe. Sus compañeros buscan durante mucho tiempo al espabilado, y al final se cansan y lo abandonan a su suerte, sobre todo porque un avión rugiente cruza lento el cielo. Los niños lo señalan, saltan, agitan las manos, lo saludan y se ponen a jugar a otra cosa.

Yahel espera un poco más, luego se arriesga a echar un vistazo fuera de su agujero y sale por entero bajo el sol. Ninguna mirada se preocupa de su regreso bajo los pájaros. Sus amigos juegan a otra cosa. Está solo. ¿Por qué? ¡No vale, es injusto! Se han olvidado de él. No lo entiende, es como si lo hubieran castigado. De repente se echa a llorar y corre hasta su abuelo. Le cuenta su pena y a Rabí Baruj se le escapa también una pequeña lágrima.

Estrecha al niño contra él y le acaricia el cabello.

–Hijo mío –le dice–, tu historia es terrible. Se me ocurre que podría estar hablándonos de Dios. Él, ese niño grande, se ha escondido y espera que lo busquen, pero nadie, en este mundo, quiere ya jugar con él.

LA MÚSICA DEL CORAZÓN DEL MUNDO

Dicen que en la aurora de los tiempos, antes de que el mundo despertara, antes incluso de que el Eterno hubiera hecho florecer el jardín del Edén, el alma vivía despreocupada, libre de visitar los mares, de recorrer los universos, de gustar los sabores nacientes allí donde la vida se animaba por todas partes. Era dichosa. Lo fue hasta aquel día de antes de los días en que sobre el umbral de su morada el Creador moldeó a Adán.

Después quiso que el alma habitara desde entonces en el cuerpo del hombre nuevo, pero ella se espantó, gesticuló, retrocedió y olfateó esa prisión de carne que el Padre Antiguo le indicaba. No la quería a ningún precio, y huyó hasta el fin del mundo.

Dios estaba en un aprieto. No quería obligarla, no era su estilo. Pero, por otra parte, ¿cómo iba a dejar a Adán solo en el mundo, en esas tinieblas? Se puso a pensar y tuvo una idea que hizo que le brillaran los ojos. Chasqueó los dedos ante su barba blanca y unos ángeles músicos bajaron inmediatamente del cielo. De repente, el universo se llenó de voces agudas y graves, percusiones, fugas de flautas, violines y arpas.

El alma, temblorosa, en el otro extremo del mundo, lo oyó, llena de asombro, maravillada por esos sonidos inauditos que le daban ganas de cantar con ellos, de reír, bailar y olvidar por fin ese espanto que la había embotado durante mucho tiempo. Se abandonó un instante entre los brazos del Creador y sintió, en su embriaguez, cómo este abría el cuerpo oscuro de Adán. La colocó con toda suavidad dentro, y el corazón del recién viviente se animó al fin y entró en calor.

Este ritmo sordo que tenemos en nuestros pechos es lo que nos queda de los ángeles y de su música infinita. Y, cuando nos llega una canción, una melodía que a veces nos conmueve hasta las lágrimas, no busquéis por qué. Es el alma que se agita. Se acuerda del tiempo lejano en que llenaba el universo y se maravillaba de ser libre como la hija amada de Dios.

EL COPO DE NIEVE

Un herrerillo y una paloma contemplan el horizonte gris desde una rama sin hojas. El herrerillo dice a su compañera:

–Tú, que te echaste a volar antaño, desde las manos abiertas de Noé, di: ¿qué pesa un copo de nieve?

La otra zurea:

–Menos que nada.

Tras un silencio helado, el herrerillo dice:

–Escucha. Yo he pasado la última noche resguardado en el hueco de un viejo roble. No podía dormir, Dios estaba demasiado callado. Entonces, para engañar al aburrimiento, como nevaba con mucha fuerza en la oscuridad, me divertí contando los copos en la primera rama que tenía al alcance de mi vista. No te diré su número, no importa, lo he olvidado. Pero lo que recuerdo, y me hace sentir todavía una felicidad desconocida, es el vuelo ligero de uno de ellos, que giró en el aire oscuro, vaciló, se posó al fin, y la rama, agotada por el peso ridículo de ese recién llegado, se desplomó estrepitosamente.

El herrerillo se calló. La paloma, sonriente, dijo:

–Se me acaba de ocurrir una idea. Tal vez basta con algo insignificante, un copo en una noche de nieve, para que caigan las ramas muertas que nos enredan la vida. No me olvidaré de ti, herrerillo.

–Yo tampoco, paloma. ¡Que te vaya bien!

CANTAR EL MUNDO

Hacer brotar allí una fuente, acá una roca, allá una montaña, sembrar un poco la vida por todas partes: esa fue, donde los antiguos australianos, la tarea confiada a los Espíritus Creadores en los primeros tiempos. Y dicen que, mientras ponían todas esas cosas en el mundo, cantaban los lagos, los animales, las plantas y las rocas. De este modo, cada charco de agua, cada monte y cada gruta posee, todavía hoy, su canto.

Los designan cantando, como una forma de recordar sin cesar el origen sagrado de todo, desde la brizna de hierba hasta el arroyo, desde el guijarro a la estrella.

Y los ángeles nunca están lejos, ¡recordadlo, buena gente!

¡VIVA LA VIDA!

Moisés, el aguador, es pobre, pero no le importa. Llueve en su camino, pero su corazón está lleno de sol; marcha hacia Lublin, donde sabe que lo espera el amado rabino de esta gran ciudad. Ese hombre extraño le invita cada otoño a festejar con él el primer día del año judío. Ha ahorrado con paciencia, céntimo a céntimo, el dinero para el viaje, y esa mañana alcanza por fin la ansiada ciudad, y puede contemplar sus fuentes, sus calles pavimentadas y su sinagoga querida. Llama al portal y su corazón baila. Su amigo el rabino aparece en el umbral. ¿Con los brazos abiertos y los ojos sonrientes? ¡No, por desgracia!

–Vete, Moisés, vuelve a tu casa. Tu presencia me apena. ¡Fuera! ¡No quiero verte más!

Y el rabino da con la puerta en las narices al sorprendido viajero, que siente que se le cae el mundo encima. Moisés está perplejo. Quiere hablar, balbucea. Permanece largo rato boquiabierto, intentando reponerse, pues no entiende nada. ¿Qué puede hacer? Se va, titubeante, con la espalda encorvada.

Al caer la tarde, un albergue se alza junto al camino. Agotado, empuja la puerta. Desde la entrada lo acogen cantos, risas y danzas a la luz dorada de lámparas y velas. Un grupo de peregrinos deja escapar su alegría inocente. Van camino de Lublin a festejar el Año Nuevo. Moisés se sienta en un rincón oscuro. Tiene la mirada perdida, y algunos se le acercan.

–Pareces muy triste, amigo. ¿Qué pena te llena de angustia?

Él responde, cabizbajo:

–El rabino de Lublin, mi amigo de siempre, me ha prohibido entrar en la sinagoga y ni siquiera sé por qué.

Y añade con un sollozo lamentable:

–¡La víspera de Año Nuevo, la fiesta más hermosa del año!

Los hombres permanecen callados un momento. Luego uno de ellos levanta su vaso:

–Olvida tu pena, compañero. ¡Por la vida! ¡Ella nos quiere contentos!

Otro le sirve de beber.

–¡Que este año te sea amistoso!

–¡Que sea para ti tan dulce como una naranja!

–¡Que sea tan risueño como el amor!

–¡Por la vida, Moisés, por la vida!

Y todos lo arrastran a sus bailes, a sus canciones ofrecidas al cielo, a su amistad desenfrenada, con un fervor tal que la tristeza del que se sentía perdido abandona su cuerpo y se deshace como la bruma cuando sale el sol. Él canta también, bate las palmas, ríe, da vueltas hasta el vértigo y festeja hasta la aurora. Entonces los peregrinos salen fuera del albergue.

–¡Ven con nosotros, Moisés, sube a la carreta! El rabino, si has pecado, te perdonará; es un sabio.

Lo rodean, lo empujan, tiran de él. Y vuelve a Lublin.

Llegan delante de la sinagoga. El rabino está a la entrada. Cuando ve a Moisés, que intenta taparse la cara, corre hacia él con los brazos en alto.

–Aquí estás de vuelta –le dice– ¡Bendito sea este día, tan esperado! Dame la mano, que te ayude a bajar de la carreta. No sabes qué contenta se pone mi inquieta vejez. Cuando te vi llegar ayer, ¿sabes quién te acompañaba? ¡La sombra del ángel de la muerte! Por eso te mandé de vuelta a casa, para que vivieras tus últimos días tranquilo con tu mujer y tus hijos. Pero resulta que por el camino llegó este grupo de peregrinos que para ponerte contento cantaron con un corazón tan alegre y poderoso que el ángel negro, desanimado, se marchó con viento fresco. Esta noche hermosa has hecho un descubrimiento memorable: que la alegría es lo único que espanta a la muerte. Es el sol de la vida. ¡No lo olvides nunca, amigo mío!

LA MUJER BISONTE BLANCO

Dicen que en los tiempos en que todavía no había caminos, antes de que llegaran los guerreros pálidos, en los tiempos en que Dios, el Gran Espíritu, vagaba solo por la pradera desnuda, los de la nación lakota encendieron una hoguera, un día de verano, al borde de un joven río. A su alrededor, hasta el horizonte, veían el sol y las flores silvestres. No había caza. Nada que comer. Hacía varias estaciones que los corroía el hambre y ya no podían más. Entonces, el jefe designó con la mirada a dos cazadores y ellos partieron de inmediato sin armas en busca de unos bisontes que parecían haber huido del mundo.

Tras cuatro días yendo de rocas a riachuelos y de árboles solitarios a barrancos desiertos, en silencio, con los dientes apretados y la mirada sombría, llegaron en pleno día a una colina ventosa, desde la que podían ver tan lejos como puede llegar una mirada humana.

Ante ellos se extendían las hierbas infinitas. Mientras contemplaban el horizonte, de pronto se pusieron tensos y se cogieron del hombro. En la bruma, al fondo de lo visible, acababa de aparecer un punto blanco, que avanzó y pronto se volvió más grande. ¿Un bisonte, quizá? No, una joven celestial envuelta en un halo de sol. A tres pasos de los hombres se detuvo. Ellos la contemplaron un momento con la boca abierta, extasiados. Llevaba un vestido blanco de piel de alce, el cabello trenzado a la izquierda, y suelto y azul oscuro del lado derecho, unas hojas de salvia en la mano, y una mirada como para romper el corazón del más pétreo de los reyes del mundo. Ella esbozó una sonrisa y les dijo:

–No habéis caminado en vano. La nación de los bisontes me ha confiado la tarea de llevar un mensaje al pueblo lakota. Es una buena noticia. Os pondréis contentos.

El más joven de los dos cazadores, fascinado y loco de amor, quiso acariciar su rostro y, tal vez, su cuerpo. Se acercó y, nada más rozarlo, cayó convertido en cenizas humeantes. A ella no pareció importarle. Lo que él deseaba era una mujer, y ella era un ser sagrado. Dijo al superviviente:

–Vuelve con los tuyos. Haz que levanten un gran tipi, tan alto como un árbol soñado. En ese tipi recién levantado haz que construyan un altar, y sobre ese altar deposita el cráneo de un bisonte. Yo iré a las cuatro mañanas. Entonces diré a tu pueblo la forma de vivir como hermanos de corazón con todos los seres vivos del mundo.

Su cuerpo se desvaneció en el aire azul. Y el cazador regresó a la aldea.

En cuanto lo vieron llegar de lejos, corrieron a su encuentro. Él contó a todos la aparición y su letal belleza, sus palabras y sus deseos. Al momento los cumplieron. Desde el alba del cuarto día todo el pueblo se reunió en el umbral de un magnífico tipi. Todos callaron cuando ella apareció ante el sol rojizo. Con la pipa sagrada en el hueco de sus manos abiertas, avanzó hasta los hombres. El anciano de la tribu le dijo:

–Nos sentimos honrados de recibir tu rostro, tu aliento y tu saber. No tenemos nada de carne que ofrecerte, mujer de lo alto. Sólo podemos rogarte que aceptes esta agua que hemos sacado del río para ti. Perdona nuestra pobreza.

La mujer Bisonte Blanco (así la llaman desde aquel día bendito) enseñó al pueblo lakota cómo fumar la pipa. La llenó de tabaco rojo y de trocitos de corteza de sauce y la encendió con las brasas que le ofrecía el anciano en un cuenco de tierra. Después se puso a girar como lo hace la vida sin fin, de la mañana a la noche, de la noche al amanecer, y todos, en su humo, percibieron maravillados la presencia del Gran Espíritu. Entonces ella dijo a la asamblea:

–Por el fuego que enrojece la pipa sagrada, sed la plegaria viviente que complace al Gran Padre de arriba y a la Gran Madre de abajo. Sed el punto que lo une todo, la tierra y el cielo, los pájaros y los bisontes, los ríos, las rocas, los bosques y las llanuras. ¡Somos una sola familia, hijos del tiempo y de la vida!

Luego dijo estas palabras a las mujeres:

–Vosotras sois las hijas de la Tierra, tan útiles a vuestras tribus como vuestros cazadores y vuestros guerreros. Vuestro cuerpo les ha dado vida, ellos son los frutos de vuestra sangre. No olvidéis estar orgullosas de ello.

Por último se inclinó sobre los niños, que estaban sentados en círculo y la miraban con curiosidad:

–Respetad a vuestros padres. Ellos alimentan vuestras bocas. Creced en sabiduría, en valor y en bondad. Un día vuestras manos sostendrán la pipa de los sabios. Que ella os guíe sin miedo en la vida infinita.

Tendió la pipa sagrada al jefe del pueblo lakota y se fue sin añadir una palabra.

Mientras caminaba hacia el horizonte, todos vieron a plena luz cómo se transformaba en un bisonte de pelaje blanco. Los de su pueblo regresaron pronto en grandes manadas a la pradera. Dicen que se ofrecieron a la muerte para alimentar a los hombres. Tal vez nosotros somos amados más allá de lo imaginable, pero nunca lo sabremos.

EL INMORTAL

Indudablemente, Li era muy guapo. Él lo sabía y disfrutaba de ello con la secreta sensualidad que a veces le gustaba experimentar cuando veía que su mirada azul conmovía los dulces ojos de las mujeres. Su elegancia sin par fascinaba incluso a los letrados que acudían a su retiro con sus esperanzas desbordantes y sus cuestiones no resueltas. Porque Li era también el doctor más famoso de la China erudita. En realidad, sus poderes eran tan grandes como su belleza. Él, herborista enciclopédico, médico de los cuerpos y de los corazones, era el único que sabía disponer, en su hoguera perfumada de oraciones precisas, el elixir de los cinco elementos, un remedio temido por todos los males del mundo. Practicaba también el arte, a veces peligroso, del viaje fuera del cuerpo. Pero, estorbado probablemente por el ligero exceso de amor que experimentaba hacia su persona, no había alcanzado todavía el más allá del mundo efímero donde habitan los inmortales.

Pues bien, ese guapo maestro tenía un discípulo fiel, acostumbrado a aquellos vuelos fuera de los límites convenidos. Por lo general, cuando su ocupante abandonaba su amable morada, él protegía el cuerpo de cualquier atentado maléfico. Llegó entonces la noche, tan banal como excepcional, en que el maestro Li se acostó pronto y, mientras su aprendiz le servía una tisana, le dijo:

–Esta noche salgo. Ves que estoy feliz, amigo mío. Se me ha concedido asistir al conciliábulo anual de la cofradía inmortal que tendrá lugar durante la próxima luna en las brumas del monte Hu Ha. Mi espíritu está preparado para partir. Mientras esperas su regreso, confío mi cuerpo a tus cuidados. Si dentro de seis días (escucha bien) no se levanta más que una marmota en pleno invierno, quema su piel, sus huesos, sus entrañas y todo lo demás. No quiero arriesgarme a que un diablo vagabundo venga a poner sus pestilencias en mi carcasa desocupada. Al sexto día, ¿entiendes? Al alba. Yo estaré aquí o en ninguna parte. Adiós, quizá, o hasta la vista.

Cerró los ojos y ya no se movió.

Era la quinta noche. ¿Apacible? No. El discípulo oyó que golpeaban y llamaban frenéticamente a la puerta de la cabaña. Acudió, tambaleándose, con los ojos nublados de sueño. En el umbral vio a su hermano mayor en un halo de luna pálida.

–Nuestra madre se muere –dijo– y te reclama. No verá la mañana.

El otro, enloquecido, piensa qué hacer, mira a derecha e izquierda. Nada. El espíritu de Li se retrasa. Musita una corta oración: «¿Dónde estás? ¡Contéstame, te lo ruego!». Ni el menor signo. Silencio. El alba fatal no está lejos. El espíritu de Li ha debido de perderse en las brumas del monte Hu Ha. El discípulo se convence. «Si fuera a venir, ya estaría aquí –se dice–. Qué se le va a hacer. Lo quemo». Apila un montón de leña, arroja a su maestro a la hoguera y corre junto a la moribunda.

El alba parece retrasarse. Se diría que espera. «¡Ya voy!», grita el espíritu de Li. Vuela sobre su casa y ¿qué ve allá en el prado? Una chapucera hoguera funeraria, su cuerpo a medio consumir. ¡Adiós al hombre guapo que fue y nunca volverá a ser! Ha muerto, de acuerdo, es una lástima, pero no es cuestión de hacer un drama. Lo urgentísimo, por el momento, es descubrir en alguna parte un cuerpo todavía utilizable. Si no, se arriesga a perder su sabiduría, perfeccionada con tanta paciencia; se arriesga a ver (¡qué horror!) que se disuelve en las nubes del más allá y él se descubre totalmente desnudo, sin más recuerdos doctos que un recién nacido reencarnado. Busca, pues, a alguien a punto de morir, y encuentra un viejo tirado en una cama. No, ya está rígido. ¡Otro, deprisa! Un niño perdido. Demasiado pequeño. El alba palidece, y él no puede más. Por fin ve a un mendigo maltrecho, echado contra una pared en ruinas.

El tipo es tan feo como guapo era el maestro: encorvado, cojo, tuerto, desdentado; su aliento no puede doblar ni una pajita. El otro vacila sólo un instante y se hunde en el cuerpo tullido.

Vestido así nuevamente de piel, llega al final de su camino. Hoy marcha entre los inmortales a los que a veces encuentran las personas sencillas. Li, el del bastón de hierro (así lo llaman), es el último que ha llegado. Es deforme, pero de buen corazón, doctor infalible de los pobres y bondadoso como una primavera. Dicen que es como la vida, fea hoy, hermosa mañana, misteriosa, loca, infinita.

SIETE PREGUNTAS

Dicen que al cumplir Salomón doce años, el rey David, su padre, fue en secreto al jardín donde se entretenía con sus pájaros.

–Ya es momento –le dijo– de que, antes de mis últimos días, me asegure de que eres digno de ocupar este trono sagrado que ansío legarte. Tengo que hacerte siete preguntas. ¿Estás dispuesto?

Se sentaron bajo un cedro, donde jugaban la sombra y el sol.

–Lo estoy, padre. Habla.

El viejo David levantó el índice.

–¿Cuál es el hombre que no tuvo madre y desapareció en ella?

–Adán, que nació de la tierra y se hundió bajo el polvo en su última hora.

–¿Cuál es el suceso más seguro aquí abajo?

–La muerte, por supuesto.

–¿Y el menos seguro, hijo mío?

–La muerte después de la muerte.

–¿Qué es nada?

–El mundo.

–¿Y todo?

–El Creador.

–¿Cuál es la cosa más deseable que hay bajo el cielo?

–La paz en la tierra de los hombres.

–¿Y la más insensata?

–El desprecio de la paz.

David meneó su cabeza blanca, sonrió y dijo:

–Eres rey.

Tenía doce años, la edad tierna. En realidad, fue ese día cuando el dios del Tiempo lo recibió en la luz de las leyendas.

II
LA ILUSIÓN FECUNDA

Con que haya en el desierto
una gota de agua
que sueñe en voz bajita.
Con que haya en el desierto
un grano volandero
que sueñe en voz muy alta:
con eso basta.

FLOR AZUL

Érase una vez un rey sin familia, un rey solitario y secreto. Era hermoso como el otoño, benévolo como una tarde de verano. No obstante, le dijeran sus ministros lo que le dijeran, parecía aburrirse. Su mirada se iluminaba únicamente cuando cruzaba el umbral del jardín donde acudía cada tarde a vivir antes de que llegara la noche. Amaba ese lugar inigualable como si fuera su paraíso íntimo. Hablaba con sus árboles, sus hierbas y sus flores; y los árboles, las flores y las hierbas lo recibían, estremecidas, como a un buen amigo.

Sucedió que un día el rey se fue de viaje. El primer deseo que tuvo a la vuelta fue disfrutar del reencuentro con su amado jardín. En cuanto pisó los senderos de tierra volvió la cabeza a todos lados, estupefacto. Donde en otro tiempo todo disfrutaba de la vida, ahora no había más que melancolía, tallos quebrados y hojas secas. Se arrodilló al pie de un pino de oscuras ramas y le dijo:

–Amigo mío, hermano, ¿qué desgracia ha caído sobre ti?

El pino respondió en voz baja:

–Tú te fuiste y yo te busqué. Mi mirada no encontró más que al viejo manzano, tan amado por el cielo como por la gente de la tierra. Envidié los frutos que lleva y me desanimó no tener nunca nada semejante. Entonces mi corazón se secó.

El rey, afligido, fue a ver al manzano. Lo vio como un alma en pena y le dijo:

–Y a ti, hermoso que nos alimentas, ¿qué hechizo maligno te echaron?

–Tú te fuiste y yo te busqué, y no vi más que a la rosa. ¡Qué perfume, qué nobleza! Pensé que mis manzanas nunca alcanzarían, ni de lejos, su impresionante belleza. Entonces, dime ¿para qué iba a vivir, si sólo iba a ser un manzano?

El amigo fue a inclinarse sobre la rosa pálida. Quiso hablar y no pudo.

–Yo también me muero –dijo ella–. Mira el arce, allá lejos. Vivirá cien años, o incluso más. ¿Y yo? Apenas me atrevo a pensarlo. ¿Qué sentido tiene trepar al sol para estar tan poco tiempo junto a ti?

Mientras el rey tartamudeaba, buscando algo parecido a una respuesta, divisó en la hierba una florecita azul que parecía, aun sin rostro, reírse de los aprietos de ese día. El dueño del jardín se sentó a su lado y dijo, cabizbajo:

–Nuestro jardín se muere ¡y tú te diviertes! Mira las desgracias que te rodean. ¡Tu felicidad es un insulto a la vida!

–No, buen señor –respondió ella–. Yo también conocí esa pena agotadora que soportan mis hermanos y mis hermanas. Me dije: «Pobre florecita, ¿qué eres tú al lado del pino, de su majestad sin defecto, de su eterno verdor? Y mírate a dos pasos del manzano, ¡no vales ni una pepita de sus manzanas! En cuanto a la rosa, más vale no hablar. Ella trata con los dioses ¡y tú con las libélulas!». En resumen, una noche de verano, al llegar la aurora, constaté objetivamente mi miseria, mi inutilidad, mi perfecta nulidad en este mundo demasiado grande para mí. Y luego, al salir el sol, se me ocurrió una idea. Me dije: «El rey es, de todos los vivientes conocidos, el más sabio que hay. Si hubiera querido que en el sitio donde me sembraron hubiera otra en mi lugar, seguro que la habría plantado. Por tanto, si me ha escogido, es porque me quería a mí sola, a mí de arriba abajo, tal como soy finalmente». Y en ese momento decidí, para complacerte, rey de mi vida, ¡ser la más bella posible!

Mientras ella hablaba –dice el cuento–, el jardín volvió a florecer. Fue un milagro silencioso. Si no lo crees, peor para ti.

LAS MUJERES QUE SABEN

Decían antaño, alrededor de las hogueras de la tarde, que las mujeres de los tiempos antiguos eran las únicas que sabían expulsar el mal del cuerpo dolorido de los hombres. ¿Cómo habían adquirido ese poder sanador? Abrid los oídos y los ojos, y que el saber entre en vosotros como un pájaro por la ventana.

Un día, como de costumbre, los hombres se van al bosque a cazar los pájaros escondidos entre el follaje. Caminan en silencio, empuñando el arco y las flechas, encorvados y al acecho. Al menor ruido en la sombra de los grandes árboles, su pie permanece en el aire por un instante y su cabeza gira a derecha y a izquierda. De pronto, una voz los deja petrificados. A lo lejos, en un claro se eleva un canto lastimero y melancólico. Nadie conocido sabe cantar de ese modo, ningún animal, ningún ser vivo. Se ponen en cuclillas, se miran unos a otros y, finalmente, se arrastran, olisqueando los senderos mojados, hasta los últimos matorrales y la hierba florida. Apartan dos ramas y ¿qué ven, sentado en una abertura soleada? A un viejo orangután de enorme estatura. ¿Qué canta, mirando al cielo?

> Yo fui un rey donde pende la luna,
> un rey muy poderoso y muy apuesto.
> Ahora flaquean mis piernas y no puedo
> trepar hasta las ramas, que, allá arriba
> me llaman en lo alto.

Los hombres se quedan boquiabiertos.

–¡Qué animal tan inteligente! –se susurran, alegres– Démosle muerte. Con sus colmillos y sus garras haremos preciosos talismanes.

Se yerguen, tensan su arco. Entonces el orangután se calla, levanta la mano y dice lentamente con voz de abuelo:

–Hombres, no matéis mi sabiduría y mis secretos. Debo confiarlos, según la ley de los moribundos, antes de callar para siempre, a aquellas que, mejor que vuestras flechas, saben perpetuar la vida. Llamad a vuestras hijas y a vuestras mujeres. Vosotros, hombres, marchaos de aquí. Únicamente a ellas les diré lo que sabían mis antepasados.

Los cazadores retroceden, temerosos. Luego salen de la sombra al sol y alertan con gran estruendo a sus compañeras, que se encuentran en el umbral de las chozas del poblado. Ellas dejan sus trabajos y corren al claro del bosque.

–Abuelo orangután, no te mueras –le dicen–. ¡Qué cansado está tu corazón y, sin embargo, cómo brillan tus ojos!

Construyen una cabaña de hojas alrededor de su cuerpo y se encierran con él a resguardo de las miradas. Entonces, durante tres días, en voz baja, en secreto, el anciano del bosque les enseña lo que sabe. Les dice cómo curar las mordeduras de los animales, cómo librarse del veneno de las serpientes, de las fiebres, de las molestias y de los dolores de barriga. Les enseña finalmente qué hierbas curan y los encantamientos que conjuran los hechizos. Al tercer día, a medianoche, vaciado al fin de todo saber, muere, y su mirada echa a volar. Hasta el alba las mujeres cantan la melopea del adiós, y después vuelven a sus trabajos, a sus amores y a sus silencios.

Yo encontré la verdad. Estaba desnuda y la vestí. Que mis palabras le den calor y que mi historia la lleve a todos los lugares donde la desean.

LA CARRETA EN LA ZANJA

Cierto día, un viajero despreocupado encuentra en su camino una carreta en un aprieto, con una rueda hundida en una zanja embarrada, la otra en el aire, girando en el vacío, y la carga de heno medio caída, mientras el carretero, exasperado, increpa a sus dos bueyes. Merece la pena detenerse para contemplar el espectáculo. Al pasar constata sobriamente:

–Estás en un buen apuro.

El otro se seca la frente sudorosa.

–En lugar de mirarme –le dice–, podrías ayudarme.

El transeúnte gruñe y pone mala cara. Examina la carreta y luego dice que no con la cabeza.

–Habría que levantar la carreta –dice–. Es inútil empeñarse, es más pesada que tus bueyes.

–Al menos podríamos intentarlo, ¡pero no quieres! –exclama el carretero enfadado–. ¡Está claro que no te da la gana!

El viajero, que es un buen hombre, contesta:

–Venga, cálmate. Veámoslo con más detenimiento.

Trabajan duro: deslizan unas tablas bajo la rueda, encuentran una palanca eficaz con la que hacer fuerza y empujan durante un buen rato. La carreta chirría, se menea, se balancea una pizca, se endereza y, por fin, recobra su posición sobre el camino.

–¡En marcha! –grita el campesino.

Caminan unos momentos sin encontrar nada que decir, hasta que el viajero pregunta intrigado:

–Dime, ¿cómo diablos llegaste a pensar que yo no tenía intención de ayudarte?

–Habías decidido que no podías. ¿Por qué te considerabas incapaz sin haberlo intentado siquiera?

–Pero ¿por qué extraña casualidad tú, que nunca me habías visto, estabas seguro de que podías contar conmigo?

–Lo pensé cuando se me ocurrió que alguien te había empujado a encontrarte conmigo.

–Entonces –dijo el viajero–, ¿crees que tu carreta y su carga volcaron en el barro para que yo tuviera la oportunidad de ayudarte?

El campesino contestó:

–Evidentemente, hermano. ¿Por qué razón, si no?

UN POCO DE AGUA

Un día desafortunado un joven estudiante y su maestro se perdieron en el desierto. No había ya camino bajo sus pies desnudos, ni pájaros en el cielo azul, ni un mendrugo en el fondo del saco, ni una gota en la cantimplora.

–Vislumbro una última esperanza –dijo el joven–. Espérame. Si se desvanece, vuelvo a morir junto a ti, y ¡que les vaya bien a nuestras almas!

Con gran esfuerzo trepó a la espalda de una duna y ¿qué vio a lo lejos? Un lago y, en su orilla, una ciudad. Moviendo los brazos como si fueran las aspas de un molino, llamó a su compañero, le gritó que estaban salvados y fue a reunirse con él, con el aliento entrecortado. El viejo le dijo:

–Muchacho, mis piernas ya no me sostienen. No tardes. Ve y vuelve con una botella de agua fresca. Te espero aquí, bajo la roca. Si te das prisa, sobreviviré.

El estudiante corrió hacia la vida.

Bebió en el primer pozo que encontró. Alrededor había unas mujeres que charlaban, reprendían a unos niños que armaban escándalo, y llenaban sus cántaros y sus cubos. Mientras se secaba la cara, vio a diez pasos a una chica que lo observaba con ojos sonrientes. El sol acariciaba la curva de sus caderas, su largo cuello, sus hombros y su mirada luminosa. Ella giró sobre sus talones y se fue con paso vivo. Él la siguió por las callejuelas hasta la tiendecita azul de un comerciante de quincalla. Ella desapareció en la penumbra, donde el chico no pudo entrar. En el umbral estaba su padre, no podía ser otro, de mirada astuta y barrigón apacible. Los dos hombres se saludaron y hablaron de todo y de nada. El tendero tenía necesidad de un vendedor de cacerolas.

–¿Por qué no voy a ser yo –dijo el joven– si a tu hija le parece bien ayudarme?

A ella le pareció bien. Él se casó con ella. El padre envejeció y murió. El esposo agrandó la tienda y él también echó barriga.

Un día, al pasar por delante del pozo donde los ojos pícaros de su mujer habían hecho con él lo que habían querido, recordó a su compañero de andanzas, abandonado en el desierto. Lo había olvidado. Lleno de vergüenza, corrió a recoger sus restos balbuceando: «Perdón, perdón». La roca seguía allí y su maestro también, tendido a la sombra. Se frotó los ojos soñolientos, bostezó y dijo a su discípulo:

–¿Dónde está el agua que te pedí, hijo mío? Tengo sed.

EL PINCEL MÁGICO

Uno es pobre cuando tiene poco. Ma Liang no tenía nada bajo el cielo. Malvivía en una cueva excavada en el alto farallón desde el que caía en picado el pueblo donde su madre había trabajado duro un año tras otro hasta la muerte, que se la llevó nadie sabe dónde una noche de invierno sin estrellas. Ma Liang, su hijo, tenía siete años. Ella no le había dejado más que su afán por el trabajo, lo suficiente para que el niño considerara soportable su vida. A cambio de un cuenco de arroz, ofrecía cada día a los campesinos compasivos sus haces de leña, sus brazos para empujar el arado, su compañía en los días tristes, hasta una tarde en que, vagando por las calles del pueblo, divisó, bajo un techo bajo, los contornos cambiantes de un viejo ocupado en pintar un bambú. ¿Cuánto tiempo permaneció allí, observándolo, con la boca abierta, el espíritu volando fuera del cuerpo y el corazón llamando a su puerta, impaciente por abrirse de par en par? La luna y las estrellas fueron como otras tantas miradas amigas. ¡Pintar, acercarse a lo inexpresable con la caricia de un pincel! Ma Liang no necesitó palabras para decirse a qué quería dedicar su vida a partir de entonces.

Desde aquel día, solo en el bosque, apenas ató sus gavillas, se sentó en la hierba y se puso a dibujar con un trozo de madera en la tierra húmeda un rostro, una hoja muerta, una casa entre los árboles. Con una rama ennegrecida al fuego cubrió las paredes de su cueva con lo que veía en el exterior. Lo que le importaba era la vida que animaba los seres. Sin embargo, esas obras frágiles dejaron pronto de bastar a su mirada. Para honrar a los dioses del mundo necesitaba un pincel y tintas puras, multicolores. Pero ¿cómo pagar esos tesoros?

Existen milagros dormidos que los sueños despiertan a veces. Ma Liang se acostó temprano una noche. Vio aparecer a un anciano que, sentado en el borde de su lecho, sacó de su bolsillo un pincel, se lo dio y murmuró:

–Es mágico. Guárdalo y no te separes nunca de él.

Apenas llegó la aurora, el niño regresó al mundo y, antes de abrir los ojos, movió la mano y sintió en ella el objeto que no se atrevía a esperar. Dio las gracias en su corazón a los invisibles benefactores que le habían ofrecido su sueño y después salió a la luz del amanecer.

Ahora necesitaba todos los colores del mundo. Trituró piedras y plantas, las aderezó con agua de lluvia, aventuró la punta de su pincel y pintó, antes que ninguna otra cosa, al que había imaginado mil veces y esperaba tener junto a él: un perrito de pelo nevado. Entonces, maravilla de maravillas, apenas nacido sobre el papel, el cachorro saltó a sus pies, se frotó contra su pierna, corrió tras una ardilla y volvió a acurrucarse en los brazos de su atónito compañero. Persiguiéndose uno al otro bajo los grandes árboles familiares, bajaron al pueblo. En la plaza jugaban unos niños. Ma Liang blandió su página en blanco, señaló a su nuevo amigo y contó el prodigio. ¿Cómo iban a creerlo? Se rieron de él.

–Queremos verlo. Pinta una flauta, póntela en la boca y toca.

Ma Liang respondió:

–Mirad.

En cuanto las trazó, las líneas de colores cobraron vida y la flauta apareció en su mano. Con los carrillos hinchados y los dedos ágiles, esbozó un paso de baile y en el aire se elevó una canción. En torno a él se produjo un mudo estupor y después una loca carrera hacia las casas. Los niños contaron a gritos el truco de magia a sus padres. Algunos se encogieron de hombros y, sin embargo (nunca se sabe), corrieron junto a los curiosos que se agolpaban alrededor de Ma Liang interpelándolo a la vez.

–¡Dibújame un asno gordo!

–¡Un arado nuevo!

–¡Un gato gris!

Ma Liang, feliz, infatigable, dio gusto a todos y se despidió.

Nada más volver a su cueva, se dijo: «Tengo que andar con cuidado. Hoy me piden un asno, mañana querrán que sea de oro. Entonces se acabaron las buenas maneras, exigirán cada vez más. ¿Qué piensas tú, perro mío?».

–Huyamos –le contestó el buen animal.

Él dibujó un caballo, cabalgó en él hasta la ciudad, se instaló en un barrio pobre y vivió de vender en el mercado pinturas sencillas por tres céntimos. Para evitar que se escaparan, tuvo mucho cuidado, por supuesto, de dejarlas sin terminar. Pero, a veces, el destino tropieza con un guijarro, aunque sea pequeñito. Ma Liang había pintado aquel día una magnífica grulla cenicienta a la que sólo le faltaba el ojo derecho. Y resulta que una gota de tinta cayó donde no debía, sobre la pupila que el pincel se había negado a pintar. Al instante, el pájaro echó a volar. Los testigos curiosos del milagro permanecieron un momento estupefactos y luego volvieron en sí, gritaron y alertaron a los guardias que daban caza a los mendigos. El prefecto, al que avisaron enseguida, mandó una nota al emperador, que precisamente esa mañana se preguntaba, con la mirada vaga, cómo dar color al aburrimiento.

Condujeron a Ma Liang al palacio imperial. El Temible, sentado en su trono, lo recibió sin decir ni buenos días y profirió secamente estas palabras inesperadas:

–Hay un árbol, al este del este, cuyos frutos son monedas de oro. Píntalo ante mí, aquí mismo.

Y ya estaba preparada la tela, tintas y colores aquí y allá, sobre unas mesas bajas. Ma Liang pintó el paisaje que veía en su alma desnuda. Cuando dio el último toque con el pincel mágico, donde en ese momento había una sala imperial apareció una playa, un cielo deslumbrante, unas olas en la orilla de la arena, lánguidas y susurrantes y, sobre una isla, a lo lejos, un árbol rebosante de innumerables soles. El emperador, con los brazos abiertos y los ojos fuera de las órbitas, exclamó:

–¡Pinta un barco o te estrangulo!

Ma Liang puso un barco en el agua.

–¡Que vengan mis ministros, mis cien esposas, mis generales y mi heredero!

Todos acudieron y se embarcaron. Izaron las velas.

–¡Viento, quiero viento, mucho, mucho viento!

Ma Liang pintó unas nubes negras, relámpagos sobre el agua revuelta, una tempestad atronadora y finalmente un naufragio. Después llegó la calma. Ya no había emperador, ni ministros, ni heredero, ni generales. Lo celebraron, pero no por mucho tiempo. El trono conoció otras nalgas y el pueblo otros tiranos. Así son las leyes de este mundo.

Ma Liang regresó al pie del farallón. Una tarde, según afirmó él, el anciano de magias extrañas volvió a visitar su sueño. El muchacho se inclinó ante sus ojos sonrientes, sacó el pincel del bolsillo y se lo devolvió. Hizo bien.

DOS AMIGOS UNA NOCHE DE NIEVE

Hace dieciséis siglos el erudito Han Chu escribió:

> Vivo desde hace setenta años al borde del lago del Oeste.
> No he visto sentarse a ningún inmortal en el umbral de mi morada a la hora en que cantan los grillos.
> No entiendo nada de magia y nunca he practicado ningún ejercicio místico.
> Ni siquiera me preocupo por cultivar mi ser íntimo.
> Me limito a disfrutar, a veces, del sabor de una plenitud que no sé formular.
> ¿Qué puedo decir? Estoy bien.

Así hablaba Han Chu a los pájaros silenciosos y al viento que soplaba ligero sobre el agua.

En la orilla opuesta del lago vivía su amigo Kan Lu, filósofo sutil y buscador empedernido de las palabras más verdaderas. De vez en cuando se veían con un placer infantil y siempre renovado. Picoteaban higos secos, bebían vino caliente a sorbitos y se embriagaban de poemas.

Pues bien, en el transcurso de las estaciones llegó una noche de invierno en que la nieve cayó durante mucho tiempo con una abundancia tranquila. Cuando la luna volvió a resplandecer sobre la colina y las orillas del lago, Kan Lu fue a su ventana y contempló a lo lejos la casa de Han Chu, en la que titilaba todavía una lámpara indecisa. De pronto le entraron ganas de ir a visitarlo.

Apenas vaciló. Se rió de la sorpresa que iba a alumbrar en la mirada de su amigo, corrió a descolgar su abrigo, salió a la blanca superficie lunar y empujó su barca dentro del agua. Esta lo condujo, encorvado y lanzando bocanadas de vaho, hasta algunos golpes de remo de la vieja cabaña de madera donde Han Chu (lo vislumbró en la penumbra silenciosa) escribía un nuevo poema a la luz de una vela. Entonces le asaltó una duda. Pensó, arrugando el ceño: «Me ha dado verdadero gusto imaginar que mi amigo se ponía muy contento al verme aparecer en plena noche en su casa. Soñar un momento con esto me ha llenado de alegría de la cabeza a los pies. Ahora he cumplido mi deseo. ¿Qué más puedo pedir?».

Viró sobre el agua tranquila y regresó a su casa sin hacer ruido.

LA HISTORIA

Primero lo hizo el Baal Shem Tov, quien durante toda su vida fue, sin discusión, el maestro venerado por los exploradores de la Torá y los buscadores de Dios en los entresijos del alma. Cuando tenía que emprender una tarea lo bastante complicada como para hacerle fruncir el ceño, se retiraba al bosque, bajo un árbol de buen consejo encendía una pequeña hoguera, luego murmuraba algunas oraciones y los nudos del hilo de la vida se deshacían sin esfuerzo.

Veinte años más tarde, cuando su discípulo se enfrentó con los mismos embrollos, fue al mismo bosque, se sentó a la sombra del mismo árbol y dijo a sus hermanos queridos:

–Hemos olvidado cómo conviene encender la hoguera, pero todavía recordamos las oraciones que se recitaban aquí.

Las dijeron y la dificultad se fue volando tan contenta.

Pasaron otros veinte años. Cuando el discípulo del discípulo se vio él mismo incapaz de realizar la tarea que hacía falta, se acordó de sus antiguos maestros, siguió más o menos su camino, encontró el lugar bajo el follaje, se sentó a la sombra y dijo:

–Ya no sabemos cómo hacer para que arda la hoguera que necesitamos. Hemos dejado que se borraran las palabras de la oración. Gracias a Dios, todavía sabemos dónde se recogían nuestros padres. Esto debería ser suficiente.

Y fue ampliamente suficiente.

Pero, tras otros veinte años, cuando el discípulo del discípulo del último discípulo se sentó en su sillón de paja bajo el cerezo del jardín, se le ocurrieron estas palabras resignadas y, no obstante, llenas de esperanza:

–Hemos olvidado la hoguera, las palabras de la antigua oración y el lugar sagrado donde nuestros antepasados confiaban sus preocupaciones a Dios.

Dio un suspiro y añadió:

–Pero nada está perdido para siempre. Todavía podemos contar la historia verdadera de lo que ya no sabemos.

LA APARICIÓN

Aquel samurái apacible de palabra recta tenía un amigo al que visitaba de vez en cuando en su retiro en el bosque, donde su viejo hermano vivía a resguardo de los honores del mundo. Los dos se parecían tan poco como un huevo a una castaña. El guerrero pacífico era, desde la infancia, discípulo de un maestro zen; el anacoreta seguía la vía de esos ascetas que, para complacer a su alma, se maltratan sin cesar en las montañas. Su amistad no sufría por sus opiniones opuestas. Les gustaba explorar sus puntos comunes y sus diferencias, y no trataban de imponer su opinión. En una palabra, se querían como eran, ni más ni menos.

Una mañana del mes de los cerezos en flor, cuando el samurái llegaba a la cueva donde esperaba descansar ante un plato de frutas, el anacoreta corrió a él tambaleándose, agitando las manos y con los ojos llenos de lágrimas de emoción. Antes de tan siquiera darle la bienvenida, dijo a su sorprendido amigo:

–Hermano mío, la ascesis implacable impuesta a mis sentidos acaba de elevar mi alma desnuda más allá de las regiones humanas.

Y acercando la boca al oído del samurái, le hizo esta confidencia alucinada:

–Allá arriba, en esa roca insignificante, hace cuatro noches que se me aparece el Buda, a la hora del Buey, montado en un elefante blanco.

El otro dejó escapar una risita seca, y el asceta se enfadó:

–¡Sabía que no me ibas a creer! Pensarás que he bebido una tisana de hierbas azules, pero no. ¡Sólo agua pura! Escucha, quédate aquí hasta mañana por la mañana y verás lo que yo he visto. Te lo ruego, compadécete de mí, necesito un testigo fiable.

El samurái se sentó a la sombra y se sirvió un bol de té.

La jornada transcurrió febril y casi muda. Cada uno se dedicó a vigilar al otro con mirada benévola, pero penetrante. Cuando al fin llegó la noche, el anacoreta escaló la roca milagrosa, depositó un cesto de ofrendas en la hierba húmeda de la cima, regresó a sentarse delante de su cueva y se puso a salmodiar interminables letanías al compás lento de su tambor. Llegó la luna y la hora del Buey. Se hizo un silencio repentino. No se oía ni un suspiro. Los dos hombres, con la respiración contenida, la boca abierta y los ojos desorbitados, lo único que veían era el cielo sobre la cima. Tras una breve espera, apareció de pronto en un halo lechoso, sobre un elefante blanco, un indudable Buda. El anacoreta dio un grito y lo señaló con el dedo.

–¡Mira!

–Sí, lo veo –dijo el samurái.

Tomó su arco y una flecha, apuntó a la aparición y disparó. La imagen se desvaneció inmediatamente como una bruma llevada por el viento. El eremita se agarró la cabeza con las manos como si fuera a arrancársela del cuello. Chilló:

–¡Qué horror! ¡Qué sacrilegio!

Después se quedó sin palabras. Su amigo lo tomó del hombro y le dijo sin rastro de emoción:

–Mi buen maestro me dijo un día: «Si ves al Buda, mátalo: no es él». Espera a mañana y lo entenderás.

En cuanto se hizo de día, treparon a la roca y encontraron un tejón clavado en la hierba con una flecha.

–Aquí tienes a tu Buda –dijo el samurái–: un diablo que se ha metido dentro de un animal y juega malas pasadas. Vamos a calentarnos el té. Él, al menos, no es ilusorio, salvo, evidentemente, si todo lo es.

–Eso es discutible –dijo el anacoreta.

–Pues discutámoslo, amigo mío.

Hablaron largo y tendido. ¿Se quedaron satisfechos o se perdieron por el camino? Buda lo sabe. El narrador, no.

LA VISIÓN

Alce Cojo habló así una noche a algunas miradas mudas, al pie de un viejo árbol.

La esperanza que agitaba los corazones bien nacidos, en los tiempos en que había tipis en la pradera, era tener la Visión. La Visión venía en línea directa del Gran Espíritu; por tanto, era indiscutible. Podía hacer de alguien extraviado un viviente en su verdadero camino. Pero había que merecerla. Para que apareciera, se requería la valentía definitiva de quienes no tienen nada que perder salvo a ellos mismos. La primera prueba imperativa era ser paciente, saber esperar sin una gota de agua que beber, sin una nuez que comer, cuatro días y cuatro noches, solo en un hoyo excavado en la cima de una colina, entre las bestias salvajes, los pájaros, los árboles y los vientos.

Un joven siux decide un buen día enfrentarse a la gran iniciación. Considera que él ha nacido para gobernar a su pueblo. Su sueño, plantado en su frente como un cuerno, es convertirse en Maestro hechicero. Sólo le falta la Visión sagrada, que le otorgará la sabiduría y la fuerza de los antepasados. Y aquí lo tenemos, sobre su colina. Hace un día radiante, del final de la primavera. Flota en el aire la despreocupación de un pájaro que se deja llevar por una brisa ligera. Al joven lo acompañan sus tíos, que lo preparan y lo aconsejan. Lo abanican con el ala de un águila, frotan con salvia su cuerpo desnudo y lo inundan de vapores de incienso. Después le hablan en voz baja. Tiene que rezar al Gran Espíritu sin descanso, desde el amanecer hasta la noche, y pedirle el don que ha venido a buscar; tiene que ser capaz de soportar la soledad, el frío, el hambre, la sed y el miedo. Al final los ancianos se van y lo abandonan a su suerte.

Pasa la primera noche en el hoyo. Imposible dormir. Tiembla y gime sin saber por qué. Las tinieblas le son hostiles, las siente merodear a su alrededor como fantasmas de animales. Permanece, pues, alerta, preparado para luchar contra los espíritus que quizá quieran privarle de la Visión tan deseada. En la madrugada brumosa el corazón se le acelera de pronto. Se hace un ovillo y se tapa la cabeza con las manos. Una voz malvada lo invade, lo agarra y lo paraliza. Viene de todas partes, de las hojas mojadas, de las rocas vestidas de niebla, de los matorrales encorvados.

–¿Qué haces aquí, joven siux? ¿No hay bastantes colinas donde habrías podido lloriquear sin perturbar el reposo del mundo? Has molestado a los vivientes de la noche, has horrorizado a la luna y las estrellas, hasta has impedido dormir a los árboles. ¿Tú quieres una Visión, mocoso? Pero ¡venga ya, no eres digno de ella!

El joven aprieta los dientes y se tapa los oídos con los puños. La voz acaba por debilitarse y se apaga.

Un día más, reza, tirita y tiene hambre. Una noche más, escucha ruidos vagos y chasquidos amenazadores. Una vez más, ve salir el sol y oye esas fuertes palabras, que tamborilean contra su pecho y su frente:

–¡Vete, hombrecito! ¡Vete! No eres bienvenido entre nosotros.

Siente que sus vértebras chirrían, respira a duras penas entrecortadamente, su cuerpo no sabe más que temblar. De nuevo un cielo azul, una luna, de nuevo el frío y el miedo, otra noche más en la que sufrir, la última. Resistirá. Se lo jura. La Visión no puede huir de él, suplica tenerla hasta que pierde el aliento. Pero es inútil. Llega el alba incolora y con ella la voz terrible, furiosa, que resuena en él por todas partes:

–¿Todavía sigues ahí? ¿Qué esperas?

Entonces el joven se levanta, saca la cabeza al borde del hoyo y aúlla a las brumas de la mañana:

–No tenéis derecho a dirigir mi vida. No sabéis quién soy yo, y yo no sé quiénes sois vosotros. ¡Os advierto, espíritus vivientes, que no me voy a mover de aquí hasta que el signo que espero no haya iluminado mi frente!

Se produce un breve silencio, como un suspiro, y después un rugido de dragón rabioso retumba contra el cielo y la tierra. La colina chirría, tirita, los árboles expulsan a los pájaros, el viento ya no sabe a dónde ir; el joven, loco de terror, no se oye desgañitarse, pero ve que una roca negra se abalanza sobre él. Apenas tiene tiempo de salir del hoyo antes de verse aplastado. Corre, se cae, se levanta. Allá arriba la colina resopla como un perro tras la cascada. Él se tambalea, agotado, hasta las voces de la aldea.

Lo reciben los brazos de su tío brujo.

–La Visión ha huido de mí y los espíritus me han despreciado. No han parado de tratarme como a un excremento de cuervo.

El anciano lo tranquiliza y le responde:

–Has ido a buscar la Visión de tu vida como parte un guerrero siux a cortar cabelleras. Te has enfrentado con los espíritus. ¿Pensabas que estaban a tu servicio? Sin embargo, ellos no te debían nada. Desconfía del poder que desearía someterlo todo. Para que te visite una Visión, no basta con la valentía, ni la voluntad, ni la fuerza. Hace falta humildad, paciencia y respeto. Tu búsqueda no ha sido vana, pues al menos te ha enseñado esto. Piensa en ello la próxima vez.

LAS DOS VIDAS DEL VIEJO MONJE

Sobre la montaña hay un monasterio donde vive, muy cerca de las nubes, un monje querido por todos. Para qué vamos a ponderar sus méritos, si él no iba a leer su historia ni aun cuando la tuviera ante sus narices.

Habla poco, con palabras muy sencillas. Antes de contestar a las preguntas impacientes de sus discípulos, se acaricia la calva, parece interrogar a la lejanía y deja caer unas evidencias en las que nadie había pensado. Es ya anciano y ese es su único defecto, pues, si a su edad tropieza con una ardilla dormida, se arriesga a una caída fatal. Se cae, en efecto, un día de verano, en medio de las frutas hermosamente maduras que estaba recogiendo bajo el manzano. Corren en su ayuda, pero es demasiado tarde. Ha fallecido. Punto final.

El viejo monje no ha sentido nada. De repente, ya no hay nadie en su cuerpo. ¡Sorpresa! Está fuera. Su espíritu liberado alza el vuelo, persigue a la brisa y a los pájaros, saborea el frescor nuevo, planea por encima de un bosque y divisa a través de los árboles un grupo bien equipado a la caza de la liebre y el ciervo. A la cabeza cabalga un joven, el hijo del señor del lugar. De un matorral surge una serpiente. El caballo del joven relincha y se encabrita. El jinete deja escapar un juramento y cae de espaldas a la vida. Está totalmente muerto.

En ese instante pasa por allí el espíritu evadido del viejo monje que, ebrio de viento impetuoso y sin pensárselo dos veces, entra en el cuerpo inconsciente. El accidentado despierta de golpe. Le dan golpecitos en la cara y él gime, abre un ojo y no reconoce los rostros. Intentan tranquilizarlo. Él pregunta:

–¿Quiénes sois?

Los que iban con el joven cazador le ayudan a incorporarse cuan alto es y le acompañan a paso lento hasta su jardín y su casa. Sus sirvientes acuden a la puerta, barren el pasillo ante él y lo conducen a su alcoba. Él está asombrado. Esa no es su casa. Aquellas almohadas, aquellas sábanas de seda, la ropa con la que está vestido, esos criados que lo rodean son demasiado reales para que se trate de un sueño. Muy asustado, protesta y dice:

–Llevadme de vuelta al monasterio.

Murmuran que delira, intentan que entre en razón. Entonces él se acuesta y guarda silencio. Le dejan descansar.

Al día siguiente, qué sorpresa tan triste: rechaza el vino y el venado relleno que su cocinero le ofrece. No acepta más que un bol de arroz, y luego manifiesta su deseo de dar un paseo por el bosque. Les preocupa lo débil que está, pero él insiste. Marcha, pues, con sus botas carísimas y su abrigo de ante. En cuanto sale al exterior pregunta a los amigos que le cuidan si alguno de ellos conoce el monasterio de Chang Ching, su verdadera casa, su único refugio. Le responden que sí, pero que el camino es largo. No importa. Está decidido. No atiende a razones. Y se pone en marcha.

Tras cuatro días de viaje llega por fin bajo sus nubes familiares. En el monasterio sus discípulos, con las manos juntas y la espalda inclinada, reciben a ese joven señor que les honra con su visita.

–Hijos míos –les dice–, en realidad yo soy vuestro maestro fallecido estos días. No digáis que no, ya sé que es raro, pero el Imprevisto, ese loco divino, ha querido que sea así. Vamos juntos a sentarnos bajo la lámpara del refectorio. Sentaos y escuchad la historia que vais a tener que meditar desde esta noche después de la cena.

Les cuenta todo lo referente a su aventura. Al principio no creen una sola palabra. Se dan codazos, se agitan, se ríen tapándose la boca con la mano. Después resulta que mil detalles, mil recuerdos insignificantes pueblan el aire alrededor del joven. Él se acuerda del día en que Wang rezó durante tanto tiempo que dejó que el arroz se carbonizara; cuenta cuando Li Chu decidió anidar entre los pájaros; por último, recuerda a la asamblea el día en que el viento desvistió y dejó desnudo a Lang Yin. El joven se calla y se queda pensativo. De pronto se frota la espalda con la uña del pulgar como hacía el viejo monje en su cuerpo de ochenta años. Ese gesto simple les llena de emoción.

A partir de ese momento el joven anciano y sus silenciosos discípulos saben que nuestros cuerpos, en este mundo, no son más que albergues al borde de un camino infinito. Eso les alegra. Sonríen y sueñan con próximas vidas.

LA HERENCIA

Un santo anacoreta, ya anciano, dijo un día a su aprendiz:

–Hijo mío querido, ya eres un hombre. Bendito seas, has aprendido bien. Te dejo todo lo que poseo: esta manta de lana que te ruego cuides bien. Ahora vive tu vida. Adiós.

El anacoreta fue a buscar la paz en otro lugar. Su discípulo se quedó solo en su cabaña de techo de hojas, rezando y mendigando en las aldeas cercanas su pan de cada día.

Pues bien, sucedió que una noche de invierno una rata se puso a roer su manta. Él la atrapó como pudo y luego pensó: «Necesito un gato para proteger este bien sagrado que mi maestro me confió». Encontró uno. Estaba contento con el gato, pero ahora tenía que mendigar comida para dos. «La gente es pobre –se dijo–. Me da miedo pedirles demasiado. Tengo que encontrar una vaca que satisfaga nuestras necesidades. Así podré rezar tranquilo». Encontró una que se había extraviado, pero ahora necesitaba forraje para el animal. «Lo mejor va a ser que cultive un campo», se dijo el buen apóstol. Y eso hizo, alrededor de su cabaña, pero ya no tenía tiempo para rezar como debía. Por tanto, contrató a algunos hombres para que se ocuparan de las labores, de la siembra y de la cosecha. Pero ¡cuánto trabajo le daba vigilarlos! «Podría ayudarme una mujer», se dijo. Y se casó. Su finca dio fruto y pronto el joven se convirtió en un opulento propietario.

Y resulta que un día su viejo maestro, que pasaba por allí, fue a visitarlo y se quedó asombrado.

–Hijo mío –dijo–, ¿qué significa todo esto?

–Ya sé que es sorprendente –respondió el muchacho–, pero tenía que conservar esa manta sagrada que me habías entregado antaño, y esa era la única manera.

VER EL OCÉANO

Fuera hacía viento. Bajo la temblorosa lámpara estaban sentados en círculo, delante de Confucio, sus siete jóvenes discípulos. Todos guardaban silencio.

–Hijos míos –dijo por fin el maestro–, sueño con ver un día el vasto océano.

–¿Por qué el océano? –preguntó, sorprendido, el primero.

Confucio, soñador, hizo un gesto vago.

–Es el principio y el final de todo aquí abajo.

–Yo puedo llevarte allí –le dijo, con ojos brillantes, el segundo discípulo.

–¿Tú, mi pobre hijo? ¡Si ni siquiera sabes bajo qué sol está!

–¡Yo sí lo sé! –canturreó, sonriente, el tercero.

–¿Y vas a encontrar el camino, pobre despistado? ¡Lo dudo!

–Yo –dijo el cuarto– creo que podría. He ido allí dos veces.

–Y yo tres –dijo el quinto–. Conozco tanto el camino de ida como el de vuelta.

–Es cierto –dijo Confucio–, pero ¿sabes acaso qué orilla del océano me gustaría contemplar?

–Maestro –dijo el sexto–, yo lo sé todo de las playas y de sus rocas.

–Mira –dijo el séptimo–, entre todos nosotros podemos cumplir tu deseo.

Confucio suspiró y después meneó la cabeza.

–Sin duda, hijos míos –dijo–, pero una vez allí, frente al vasto océano, ¿qué quedará de mi sueño?

III

LOS PODERES DEL ENCANTAMIENTO

Tras beber mares enteros
nos extraña mucho
que nuestros labios estén todavía
tan secos como las playas,
y seguimos buscando el mar
para mojarlos en él,
sin ver que nuestros labios son playas
y nosotros somos el mar.
(Attar)

UN REY, UN EREMITA Y UNA HISTORIA

Había una vez un rey con botas rojas, cabello nuboso y mirada perdida a lo lejos y, sin embargo, luminosa. En su reino pensaban que poseía una sabiduría sin par. ¿Era sabio? No, melancólico. Reinaba como un alma en pena, pero sólo se lo confesaba a sí mismo. Contemplaba su corona depositada en su mesilla de noche para reírse de sus oros y del frío resplandor de sus diamantes. «Nada que merezca la pena –se decía–. Ser rey no te hace mejor». Lo cierto es que, desde la salida del sol hasta el fondo de sus insomnios, lo ocupaban tres graves cuestiones que lo desazonaban: ¿Cuál es el momento más favorable para emprender una tarea necesaria? ¿Cómo escoger para una obra a quien sabrá ejecutarla bien? Y ¿cómo hacer siempre lo correcto? Eran preocupaciones de un hombre recto dedicado a su labor, y no de un monarca fatuo. Así estaba él, a la espera, mas cansado del mundo, de sus libros y de sus sabios.

Una mañana de primavera, cuando soñaba asomado a la ventana mientras escuchaba distraído los discursos de sus consejeros, plagados de ideas laberínticas, llegó de pronto del bosque vecino hasta su mente un soplo de aire fresco. ¿Y si las respuestas, las verdaderas, las límpidas, las evidentes estuvieran allí, en el claro donde vivía entre los pájaros ese eremita de cejas pobladas del que le hablaba a veces su hijo? Su cabeza y su corazón no perdían nada atreviéndose a visitarlo. La siguiente mañana sin nubes se despidió de sus acompañantes y partió al trote.

Sonaban las campanadas de mediodía en un pueblo perdido cuando su caballo llegó a la entrada del bosque. Dejó su cabalgadura entre los arbustos y se adentró por una senda apenas trazada bajo los árboles. Antes de divisar el techo de la cabaña, llegó a él su humo de leña vieja, que lo conmovió más que los perfumes de la corte. Al borde del claro se detuvo y contempló la choza y las ramas inclinadas sobre ella. Ante su puerta había un huerto donde un anciano se esforzaba por arrancar las malas hierbas. Al ver que se le acercaba el rey, el eremita se secó la frente empapada, miró con la cabeza baja al hombre que lo saludaba, y volvió a su tarea. Parecía al límite de sus fuerzas y, sin embargo, se empeñaba en remover la tierra, gimiendo a cada golpe de la vieja azada. Su visitante sintió lástima y le dijo:

–Hombre santo, por favor, permite que te ayude.

–Con mucho gusto –contestó el anciano, animándose.

Le dio la azada, movió su cabeza greñuda y se dejó caer a la sombra de una roca, exhausto pero suspirando de satisfacción.

El monarca se puso manos a la obra con el ardor de un aprendiz. Mientras sudaba la gota gorda, dijo:

–He venido a pedirte consejo. Hay tres cuestiones que me corroen por dentro y agradecería tres respuestas.

Y, empeñándose en su labor como si tuviera que arrancar cada palabra de la tierra negra, añadió:

–¿Cuáles son el día y la hora propicios para obrar bien? ¿Cuál es el mejor obrero para un trabajo? ¿Cuál es en cada momento el acto, el gesto o la palabra que honra y nutre la vida?

Apoyado en la azada esperó, atento, una respuesta iluminadora. Lo único que recibió fueron estas simples palabras:

–¿Por qué no descansas?

El ilustre personaje dio un suspiro pesaroso y, mientras apartaba de su cara el zumbido de un abejorro, dijo:

–Escucha, hombre santo, si consideras que mis preguntas son indignas de tu atención, nos olvidamos de ellas. Termino de cavar tu parcela y me vuelvo a mi casa.

El eremita pareció no haberle oído. Se tumbó, con la mirada alerta, al abrigo sombrío de la roca e indicó a su visitante que se acurrucara junto a él. Luego murmuró:

–¿Has oído? Alguien se acerca entre los matorrales.

Tras una breve y tensa espera se movieron unas ramas y apareció un cuerpo que se tambaleaba. Llevaba un puñal sanguinolento en la cintura y una túnica de cuero desgarrada, ensuciada con la herida que sangraba abundantemente a pesar del puño que la apretaba. Era un guerrero, un bandido tal vez. Se desplomó de rodillas a tres pasos de las botas del rey. Quiso hablar y no pudo. Dio con la frente en tierra. El eremita se inclinó sobre él y, con ademanes limpios y precisos, descubrió la carne bajo los harapos. Entonces dijo al rey:

–Quítate tu bonita camisa y corre a empaparla allá abajo, en el riachuelo que hay detrás de la casa. Tenemos que coser a este hombre y primero hay que limpiarlo bien.

El rey se fue vestido y volvió con el torso desnudo, portando en la mano su vestimenta chorreante. Enseguida lavaron al desconocido, lo vendaron con la seda del rey rasgada en tiras, lo llevaron a la cabaña y lo acostaron en la cama.

–Está agotado –dijo el eremita–. Se va a quedar dormido. Vivirá. Esta noche lo velaré. Quizá mañana nos dé alguna respuesta.

Cayó la tarde. Sólo los búhos poblaron la sombra.

Las primeras brumas trajeron la promesa del sol. El eremita estaba ya fuera de la cabaña mirando nacer el día. El herido se despertó con un gemido. El rey acudió junto a él y se inclinó sobre su rostro. El hombre sólo pudo farfullar, con la mirada extrañamente viva bajo las pupilas entrecerradas:

–Por favor, Majestad, os ruego que me perdonéis.

–¿Que te perdone? ¿Por qué? ¿Qué perjuicio me has causado? –respondió el rey sin camisa.

–Mi hermano os ha declarado la guerra; la ha perdido y ha muerto. Yo juré vengarlo y he pasado mucho tiempo acechando la ocasión de acercarme lo suficiente para ver que vuestros ojos palidecían al clavar mi puñal en vuestro corazón. El momento llegó estos últimos días. Cuando me enteré de que habíais ido solo al bosque, esperé agazapado detrás de un matorral para ver aparecer vuestro manto real bajo los rayos del sol. Entonces un lobo solitario se abalanzó con un gruñido sobre mí y casi me arranca el corazón antes de que yo le agujereara el suyo. Intenté andar, de árbol en árbol, medio muerto, hasta que caí de rodillas ante vos. Me habéis salvado, majestad, a mí que buscaba perderos. Desde este momento mi vida es vuestra. Haced con ella lo que queráis.

El rey le tomó las manos y dijo:

–La paz esté con nosotros.

Luego salió de la cabaña al claro.

El eremita estaba en su huerto sembrando unos granos entre la tierra removida.

–Estarás contento –le dijo–, puesto que has encontrado las respuestas que habías venido a buscar.

El rey, sorprendido, arqueó las cejas:

–No lo entiendo, hombre santo.

–Ayer, cuando yo estaba exhausto de remover la tierra, tu corazón te dijo: «Es viejo, ayúdalo». En ese momento lo único importante era un pobre hombre: yo mismo. Tú me hiciste un gran favor, te lo agradezco. Cuando llegó el herido hasta nosotros, lo único que había que hacer era devolverlo al mundo. Lo importante era él; lo urgente, salvarlo. No olvides que sólo cuenta un momento: ahora; ni ayer ni mañana. Sólo cuenta un ser: el que está ante ti y necesita ayuda. Sólo cuenta una tarea: hacer el mayor bien posible a quienes tienes a tu lado. Estamos aquí, en este mundo, para servir a la vida. Regresa a tu palacio, yo vuelvo a mi cabaña. Me espera un nuevo hombre.

LA GRAN CONTROVERSIA

A la derecha se encuentra Rabí Eliezer; a la izquierda, Rabí Josué. Son dos virtuosos de la Ley, dos santos de una sabiduría tan poderosa que ni siquiera el Altísimo, a veces, puede seguir sin perder el aliento sus argumentos, demasiado atléticos para un Creador que se hace viejo. Detrás de cada uno de ellos, en el patio de la escuela donde esos sabios enseñan, se encuentran sus discípulos con el entrecejo atormentado. Los maestros no están de acuerdo y, por consiguiente, discuten con obstinación.

He aquí unos fragmentos de su diálogo:

–Si mi enseñanza está libre de todo error, ¡que esa higuera retroceda diez pasos! –ruge Eliezer.

Hace un gesto amplio; le brillan los ojos. Se hace el silencio. Cien cabezas giran noventa grados hacia la derecha. Miran fijamente el árbol soleado. Este se agita, tiembla y parece despertar; pierde algunos higos por el camino, pero no importa, obedece. Se oye un rumor alegre por un lado y gruñidos perplejos por el otro. Josué, con la cabeza alta y su voz de bajo ruso, dice:

–Una higuera no es competente en materia de teología. Tu demostración no vale nada.

Tras él algunos sueltan risitas de contento. Eliezer no recula, pero de la barba a la kipá se pone rojo como un hierro candente. Brama a la nariz de su compadre:

–Para probar que tu sabiduría no vale más que un excremento de canario, me remito al agua de este pozo. ¡Que desborde de lluvia y te haga coger un resfriado!

Cae un breve chaparrón. Josué estornuda y se estruja la nariz:

–¿Qué sabe de la Torá un chubasco de primavera en el patio de una escuela? El argumento es nulo. Vamos a olvidarlo.

Eliezer no se arredra:

–¡Que hable nuestra escuela y que sus paredes se inclinen ante el pensamiento justo y la palabra verdadera!

Se escuchan unos crujidos pesados bajo el cielo puro. Las puertas, las ventanas y las piedras se inclinan.

Rabí Josué, con el puño en alto, exclama:

–No os entrometáis, muros. Nada os permite añadir vuestro parásito grano de sal a nuestro impecable debate.

Las paredes dejan de derrumbarse, por respeto a Rabí Josué, pero no se yerguen de nuevo, por respeto a Rabí Eliezer.

En ese momento, Dios abre de pronto los postigos de su viejo castillo y refunfuña, tempestuoso:

–¡Basta, peleones! Si para tener paz debo tomar partido, ¡lo echaré a suertes!

Tras un breve silencio, la voz celestial continúa:

–Eliezer será, a partir de ahora, quien dice la verdad que aman los sabios de este mundo. Amén, aleluya. Buenas noches.

A punto de cerrar la ventana se interrumpe, asombrado. Josué, abajo, grita enfadado:

–¡Eh, Padre santo, calma! ¿Has olvidado que Moisés nos regaló tu Ley antaño, sobre el monte sagrado? Desde entonces es nuestra. Ya nada nos obliga a obedecerte ciegamente, Señor. ¡Nosotros solos decidimos acerca de nuestras vidas!

San Elías, compañero de Dios, narra el fin de la historia.

–Yo estaba junto a Él –nos dice–. Mirábamos cómo crecía el mundo. ¿Qué hizo Él en aquel preciso momento? Se echó a reír, abrió sus brazos infinitos y dijo estas palabras asombrosas: «Elías, Josué habla sabiamente. Mis hijos son libres. ¡Qué maravilla, ya no me tienen miedo! Me han vencido, benditos sean».

Y así es como Dios Padre dejó que sus hijos actuaran sin Él. Hombres, mujeres, hijos de la tierra, ¡para Él la paz, para vosotros la vida!

UN VIAJE AL PARAÍSO

¿Cómo había llegado hasta aquí? Se detuvo, arrugó el entrecejo, se rascó la barbilla con un dedo y se aventuró a echar una mirada atrás. Su memoria estaba tan gris como el camino que se extendía bajo el cielo bajo. Ante él veía la misma bruma infinita. La única presencia familiar, su perro, estaba también perplejo. El hombre le preguntó, sin esperar respuesta:

–¿Sabes dónde estamos, hermanito?

Su compañero gimió débilmente. Entonces tuvo la evidencia, ni alegre ni triste, de que estaba muerto. Dio un paso, luego otro. Algo se movió fuera, casi nada, como una brisa. De la niebla surgió una roca, hendida por una puerta estrecha. El perro cruzó el umbral y el hombre lo siguió. Al fondo de un largo pasillo se veía una luz. A tientas y encorvado, el hombre salió en mitad del verano.

Había un parque: árboles milenarios que jugaban, ruidosos y sensuales, con mil rayos de sol; una fuente cantarina; pájaros que revoloteaban por todas partes; y una avenida de grava bordeada de estatuas nobles y de cipreses en posición de guardia. Por último, a cien pasos, se alzaba una residencia espléndida con un portón tachonado de oro abierto a los visitantes. El hombre y su perro, intimidados, avanzaron hasta la escalinata. Frente a una mesa y en un sillón papal se hallaba un anciano con unos quevedos sobre la nariz. El recién muerto lo saludó, y luego dijo:

–Perdona mi ignorancia, pero ¿dónde estamos?

El encargado de la oficina de admisiones le lanzó una fría ojeada azul y movió vagamente su abanico.

–Mira a tu alrededor, amigo. ¿Dónde podríamos estar? ¡En el paraíso, evidentemente!

El hombre, atónito, dijo a su perro:

–¿Has oído, hermanito? ¡He aquí, por fin, la vida, la verdadera vida!

Y señaló, con aire incrédulo, el portón abierto del palacio.

–¿Podemos entrar, por favor?

–Desde luego, pero ¡no tan deprisa! Aquí no aceptamos perros (lo siento, pero es la ley).

El peludo dirigió una mirada de pánico a su amigo, que se había quedado de piedra. Este le hizo una caricia tranquilizadora.

–Qué le vamos a hacer –suspiró–. Como suele decirse en el amor, ni yo sin él, ni él sin mí.

–Vete al diablo –gruñó el viejo de mirada fría.

Regresaron a la roca hendida y volvieron a su camino triste, gris por detrás y brumoso por delante. Caminaron durante largo rato, pero ¿qué es el tiempo allí, en esas regiones sin paisaje? El perro fue el primero que divisó a lo lejos una luz. Se puso a trotar, y su amo también. La niebla se deshizo de golpe.

Hacía sol, soplaba una brisa ligera. Al final de un indolente sendero se hallaba una granja con el portón abierto, desde donde llegaban perfumes de heno. Un hombre sentado a la sombra de un viejo roble leía sin preocuparse de las abejas que se posaban en su frente. El recién muerto se acercó a él y le dijo:

–Perdona que yo, un vagabundo, se atreva a perturbar tu lectura. Hemos recorrido un largo camino. Nos vendría bien un poco de agua fresca.

El otro se mojó dos dedos, pasó una página y contestó:

–Allí, en la esquina del edificio, hay un pozo.

–¿Puede acompañarme mi perro, aquí presente?

–¿Por qué no, si él también tiene sed?

Los dos hundieron la cabeza en un cubo lleno hasta los bordes y volvieron junto al hombre.

–¿Dónde estamos? –le dijo el muerto– ¿En qué país fuera del viejo mundo?

El hombre dejó el libro a su lado, en la hierba y, con una sonrisa obvia, respondió:

–¡En el paraíso!

–¡Qué raro! –dijo el muerto debutante–. Le he hecho la misma pregunta a un viejo señor que estaba en un parque, y me ha contestado lo mismo.

–Ya veo, hablas del viejo sacristán traicionero que acoge a los huéspedes del castillo de los espejos mentirosos. Amigo mío, acabas de escapar del infierno.

El otro, con el corazón palpitante, dijo:

–Por poco caigo en la trampa.

El hombre sonrió, movió la cabeza, acarició al cachorro que acudía brincando hacia él e intentó impedir que le lamiera las mejillas. Por fin, dijo a los dos:

–El paraíso une a los seres. Su contrario es el lugar donde se separan. Entre los lujos dorados de los palacios fantasmagóricos y este evidente cariño que no puedes traicionar, has escogido a tu perro. Para el diablo estás loco. Los que habitamos en la aldea eterna os damos la bienvenida, compañeros.

EL ÁRBOL

Comenzaba el otoño. Hacía mucho viento y no dejaba de llover. «El camino es largo, tengo que irme ya», se dijo el hombre de la montaña, que quería ir al mercado. Y allá se fue, empuñando su bastón. Al pasar por delante de las ruinas del corral de los Toneles, mientras se sujetaba el borde del sombrero y se ajustaba el abrigo hasta el cuello, tropezó contra una valla caída entre los matorrales. Se enredó en una zarza, vio unas ramas ante él que querían arañarle la cara y las apartó de un bastonazo. Le entró un miedo sordo. Apretó contra su cuerpo su pelliza cubierta de maleza y reemprendió su marcha ventosa. Llegó al Cerro del Maldito. Al subir un recodo del sendero una brusca ráfaga de lluvia lo empujó de pronto contra una roca. Se cayó y ya no vio nada más.

Sintió que alguien lo agarraba del hombro. Se atrevió a levantar la cabeza y vio un árbol junto a él. Lo que tenía allí, cerca del cuello, no era la mano de un hombre, sino una rama de almendro. Aquel gran compañero se inclinó y le murmuró estas palabras:

–Ve si quieres. Yo me vuelvo. Estoy empapado, me duele todo, estoy impaciente por ponerme en un lugar seco, en mi hoyo, al abrigo del viento.

Entonces el hombre reconoció al árbol. Era un amigo de la infancia. El día mismo en que nació, su abuelo lo había plantado detrás del almacén de leña. Los dos regresaron, uno al lado del otro, como hermanos. Lo creáis o no, no importa; así sucedió y no de otra manera.

EL ALBERGUE

Mirad por qué oscuro milagro o por qué extravagante casualidad encontró el príncipe Ibrahím, hijo de Adán, lo que no buscaba. Dicen que fue así, una noche aparentemente sencilla.

Ibrahím duerme en su palacio. Fuera, en el jardín, reina un silencio lunar. Dentro, las salas están desiertas. Nada parece turbar la sombra perfumada de la alcoba donde el príncipe, de pronto, se agita y gime. ¿Está soñando? Quizá. Lo despierta un ruido. Se sienta de golpe y mira a todos lados. En el tejado suenan con fuerza unos pasos. Alguien camina allí arriba. ¡Imposible! Con la cabeza baja, grita estas palabras estúpidas:

–¿Quién anda ahí?

Una voz de hombre le responde:

–Estoy buscando mis dos camellos blancos, los más bonitos. ¡Los he perdido!

Ibrahím piensa: «Un sonámbulo».

–Pero, buen hombre, ¿te parece razonable esperar encontrar tus camellos sobre el tejado de mi casa y, además, hacerlo en plena noche?

Entonces la voz contesta, risueña:

–Y tú, príncipe Ibrahím, ¿te parece sensato esperar encontrar tu camino quedándote quieto en tu trono como un excremento de cuervo?

Luego nada, ni fuera ni dentro. Otra vez el silencio, la noche que vuelve a dormirse. El príncipe se queda solo, en su lecho arrugado, muy atemorizado.

A la mañana siguiente se celebra una audiencia pública en el palacio recién despertado. Entre la multitud de cortesanos que intentan llamar su atención, Ibrahím divisa a un hombre que, sin preocuparse de los guardias de brillante sable, atraviesa el umbral del alto portón y se acerca con tanta desenvoltura que todos se apartan rápidamente para que nada obstaculice sus pasos. Ya está ante el trono. Ibrahím le pregunta, clavando en él su mirada:

–¿Quién eres?

–Un viajero. Un caravanero sin camellos.

El hombre sonríe y añade:

–Mil gracias por acogerme como un buen amigo en tu albergue. Que Dios te conceda larga vida.

Ibrahím responde secamente:

–¿Qué albergue? Estás en mi casa.

–¿Quién fue su dueño antes de ti?

–Mis dieciocho antepasados, mi abuelo y mi padre, bendito sea; por lo menos veinte príncipes; mi familia.

El hombre se inclina y le contesta (sólo con un murmullo a su oído):

–Mira cómo es un albergue, puesto que uno no hace sino pasar por él.

Los dos permanecen largo rato en silencio. Ibrahím, por fin, tiende la mano al viajero, cuya presencia suprime el mundo que hay alrededor. Sólo encuentra una imagen que se deshace en la punta de los dedos.

Dicen que partió al desierto y allí encontró el reino con el que no se había atrevido a soñar. ¿Cuáles fueron sus amores, sus hermanos, sus sueños, sus soles y sus noches? El narrador lo ignora. Y se calla.

EL ESPÍRITU DE LAS PALABRAS

El monasterio que aquel compañero de Buda había construido sobre la colina, bajo los indolentes murmullos del viento entre los pinos piñoneros, era realmente muy humilde. Apenas tenía discípulos. A él no le entristecía, «pero, no obstante –pensaba por la noche en su lecho de paja–, este lugar bendito es tan exiguo como el puñado de gorriones que esperan de mí el milagro de que haya un poco más de arroz en el cuenco. Dime, Buda, ¿qué puedo hacer?». Una noche de estrellas fugaces en que no lograba conciliar el sueño, tuvo una brillante idea. «Tengo que reclutar algunos nuevos adeptos –se dijo–. Nos falta vida. Por tanto, desde mañana iré a sembrar la hermosa sabiduría entre las gentes de los alrededores. Está decidido». En cuanto se hizo de día, reunió a su grupo y puso rumbo a las aldeas recién despertadas.

Predicó valientemente en todos lados, en los mercados, ante las puertas, en las tabernas superpobladas. Lo escucharon. Y nada más. Sus hermosas verdades elevadas pasaron de un oído a otro y luego se las llevó el viento. Él se quedó muy desconcertado. Una tarde, mientras regresaban a sus cabañas llenas de goteras, el predicador dijo a su discípulo preferido:

–Sin embargo, yo me esfuerzo por hablar a los corazones, por escoger imágenes poderosas capaces de conmoverlos; pero no, no me escuchan.

Mientras intentaban reavivar el fuego empapado en su vivienda, su alumno le respondió:

–No sé de dónde he sacado esta idea, pero creo que quiere alzar el vuelo. Por tanto, escúchala, por favor. Estás convencido de que predicas con las palabras adecuadas. Por desgracia, la gente no te cree. La cuestión que me ocupa es sencilla: ¿tú crees en los términos grandilocuentes que les ofreces?

El bonzo se quedó patidifuso. Su discípulo añadió:

–Flores sin el menor perfume, árboles orgullosos sin ningún fruto: así son los discursos que la razón inspira, pero que el corazón no riega.

Al día siguiente fue él quien predicó.

PRIMER MINISTRO

Aquel rey, desde que fue rey, no tuvo más que un deseo en mente: abstenerse, en la medida de lo posible, de esforzarse mucho en gobernar. Ahora bien, según los sabios que se retiran en lo profundo de los bosques, en todo país serio conviene que un pastor competente conduzca el rebaño. Por consiguiente, el rey decidió nombrar, para que ocupara la silla vecina a su trono, al mejor de los primeros ministros disponibles bajo el cielo azul.

Después de un concurso público, de entrevistas de trabajo y de una cuidadosa selección, tras varias semanas, ante su Majestad el Rey sólo quedan en pie, aunque exhaustos, tres candidatos. El rey habla y ellos guardan silencio.

–Muy estimables genios, sabed que uno de vosotros va a ser, antes del baile que vamos a celebrar enseguida, mi asistente perpetuo. Queda sólo una última prueba. Después, adiós a los perdedores. Os van a encerrar en una habitación sin ventanas y con la puerta de madera guarnecida de hierro. Su cerradura fue fabricada por un hombre de mente chistosa pero enrevesada: el bufón de mi padre, el difunto rey. El primero que consiga escapar de esa trampa recibirá como recompensa un golpecito en el hombro derecho y el título que ya sabéis. Ahora dejadme, buena gente, que estoy cansado.

La habitación está oscura y huele a cerrado. Los tres hombres, sentados en taburetes bajos, miran fijamente la puerta con malos ojos. Finalmente, después de una meditación interminable, uno de ellos se inclina y acerca la nariz a dos dedos de los herrajes. Calcula no se sabe qué, apunta unas cifras en su manga, gruñe pesadamente y vuelve a sentarse. Entonces su vecino (un asceta) levanta su enjuto trasero, se aproxima con prudencia al obstáculo, aventura un dedo en el agujero de la cerradura, busca una mirilla (no la encuentra), examina de cerca los goznes (los cuenta: son tres), se rasca la barbilla, reflexiona unos segundos y abandona la empresa.

–Es imposible –dice finalmente–. Esta cerradura es diabólica.

El tercero, con los ojos entreabiertos, se acaricia un instante la barba, ríe para sus adentros y, de pronto, con mirada divertida, dice a los otros dos:

–Es muy sencillo.

Agarra el pomo, le da media vuelta y la puerta, con un leve chirrido, se abre de par en par, tranquilamente. Lo mismo hacen los brazos del rey.

EL BUFÓN MAESTRO

Un rey sin especiales preocupaciones, bastante guapo todavía para su edad, tan bien amado como buen amante, cabalga al trote una mañana soleada por el camino de la mezquita, donde lo espera Alá el Altísimo y su perfume de verdad. De pronto la multitud se agita y no puede impedir que un pordiosero se acerque dando tumbos y se deje caer, con los brazos abiertos, delante de la montura real.

–Príncipe de los príncipes afortunados –dice el hombre de barba apolillada–, ¡mira mi miseria, ten compasión de ella!

Balbucea, gime, extiende sus manos polvorientas y cuenta con sus diez dedos a sus hijos muertos de hambre. El rey comprende y se apiada de él.

–Estoy citado con Alá y no puedo llegar tarde –le dice–. Ven sin falta mañana por la mañana al palacio y haré por ti todo lo que pueda.

Apartan al desgraciado. El rey saluda a la multitud y prosigue su camino.

A su lado va su bufón, su impertinente privado, su divertido ángel loco. No dice nada, lo cual es sorprendente; de ordinario comenta y parlotea. Sin embargo, le brilla la mirada astuta. Se quita su sombrero verde. Todos esperan que diga algo ingenioso, pero no; saluda a su alrededor, hace que su caballo dé media vuelta y regresa al palacio. En cuanto cruza el umbral grita:

–¡Movilización general!

Ordena que repiquen las cien campanas de los días importantes, y el cielo resuena por todas partes. Se diría que Dios se despierta y que las personas lo buscan, atónitas, en el eco esplendoroso de las fiestas más magníficas del año. El rey también se extraña; mira a derecha e izquierda al pueblo, que grita de entusiasmo. El alboroto lo desconcierta.

Cuando vuelve el bufón, el rey le pregunta:

–¿Es que he olvidado algún acontecimiento importante? ¿Un festival, un aniversario, la inauguración de un hospital militar? ¿Quién ha ordenado que se lancen hoy al vuelo los carillones reales?

El payaso le responde:

–He sido yo.

–Pero, ¿por qué? Dime, ¿qué demonios celebramos en este día primaveral, pero tremendamente banal?

–¡Tu victoria sobre la muerte, rey!

El otro se echa a reír, con los ojos como platos.

–¡Venga, qué locuras dices, yo no he vencido a nadie, y mucho menos a la muerte!

El bufón se quita su nariz roja y le responde:

–Majestad, un hombre te ha pedido que aliviaras su sufrimiento y tú le has prometido tu ayuda para mañana. Un rey menos soberano que tú habría pensado probablemente que nadie está seguro de vivir una hora más. Sólo tú pareces haber resuelto la cuestión del tiempo que nos queda. ¿No es esta una hazaña digna de ser festejada por doquier?

El rey menea la cabeza, permanece un momento callado y luego pide a su maestro bufón que llame al pobre. Entonces el chistoso mira a lo lejos y dice:

–Tu mendigo ya no es más que un minúsculo grano en la multitud. No lo volveremos a encontrar. El dueño del tiempo no vuelve nunca sobre sus pasos, majestad.

EL AGUA DEL PARAÍSO

Harit el beduino y su mujer vivían de los favores del desierto, es decir, de casi nada. Plantaban su tienda descolorida donde algunas palmeras extraviadas tenían a bien darles sombra, y subsistían a base de pieles de ratas y de las piedras preciosas que encontraban y vendían a los caravaneros. En resumen, bajo su cielo sin buena estrella se morían de pobreza.

Pues bien, un día semejante al anterior, mientras Harit buscaba sin esperanza en la arena ardiente de las dunas un pájaro herido para asarlo, a tres pasos de sus pies una fuente nueva brotó de una roca hendida que despertó sobresaltada. Él cayó de rodillas, dio gracias a Alá, a su profeta y a sus santos, llenó el hueco con sus manos juntas, extendió los labios y bebió. «¡Maravilla de maravillas! –pensó el hombre, fascinado– ¿Esto es agua? Pues sí, ¡pero salida directamente del paraíso!». En realidad, francamente, era imbebible, apestaba, pero para el pobre errante acostumbrado al agua encharcada con la que preparaba su sopa de huesos, era digna de honrar el gaznate, sensible como el que más, del califa Harún al Rashid. «Él tiene que probar sin tardanza este incomparable néctar –se dijo mientras se alisaba la barba chorreante–. Me estará agradecido y tal vez me ofrezca el sueño de mi vida beduina: una tienda nueva de dos mástiles». Al día siguiente, cuando la aurora enrojecía, emprendió el camino de Bagdag con dos odres de agua al cuello.

Y aquí tenemos al viajero, llegado sin problemas ante la puerta del palacio. Por suerte para él, está abierta. Es la mañana bendita en que, según la costumbre, Harún el Bienhechor concede a sus súbditos un día de audiencia pública. Harit entra, encorvado bajo sus odres hinchados, se mezcla con la paciente multitud y espera su turno, pasmado por las riquezas inimaginables que rodean sus harapos. Por fin se arrodilla ante el rey de los reyes del mundo.

–Comendador de los creyentes –dice–, yo no soy más que un pobre beduino ignorante de las bellezas del mundo. Lo único que me es familiar es el desierto, y allí nada me hace amar la vida. Sucede, sin embargo, que en mis arenas tristes he descubierto estos últimos días una maravilla sin parangón: una fuente de agua tan perfectamente pura que sólo puede venir del santo paraíso de Alá. Esto es lo que he podido traer, sin perder ni una gota, hasta ti.

Harún da las gracias al buen hombre y manda que le sirvan una copa del maloliente brebaje. Lo bebe sin arrugar la nariz, mueve la cabeza noblemente, como se hace al saborear, ordena que lleven a su huésped a la sombra de un salón cerrado y, por último, llama al capitán de su guardia.

–Al caer la tarde –le dice– conduce a este hombre fuera de la ciudad. Evita las orillas del río, ya que podría querer bañarse en él. Sobre todo, prohíbele que saboree el agua buena de los pozos y de las fuentes. Escóltalo hasta el desierto. Entonces garantízale mi agradecimiento, dale mil piezas de oro y dile que su rey le nombra guardián de las aguas del paraíso.

Suspira y añade:

–¿Cómo se puede vivir sin ilusiones? Él tiene las suyas y yo las mías. Son las alas que nos llevan y nos hacen vivible el tiempo que atravesamos aquí abajo.

El día palidece. Harún se queda callado. Harit ha vuelto con su mujer. Está contento. El cuento también.

EL CURANDERO

Érase una vez un rey paralítico, pero no tenía ninguna enfermedad conocida. En una palabra, los médicos del reino no sabían qué hacer. Una mañana el rey oyó hablar de un santo curandero vagabundo que, según se rumoreaba, era capaz de curar las más perversas dolencias. No había absceso ni fiebre que no se calmara bajo sus órdenes. Eso es lo que se oía. El rey, entre queja y queja, mandó que lo llevaran a su presencia.

El hombre, a primera vista, tenía un aspecto vulgar. Sus maneras eran rudas, miraba a las personas con desprecio y, cuando llegó ante el rey, no se inclinó siquiera. Lo examinó, lo olfateó de arriba abajo con cara de disgusto y luego dijo:

–Dejadnos solos y cerrad las puertas con llave. No quiero ver en esta habitación ni a cortesanos ni a servidores.

–Ten cuidado, hombre –le avisó el rey lleno de turbación–. Si me curas, eres rico; ¡si no, te hago empalar!

Ordenó con un gesto que todos salieran de la estancia. Entonces el extraño sanador se echó a reír, con una mueca de burla:

–¿Así que no puedes andar? Pues bien, pedazo de asno, ¡vamos a vérnoslas tú y yo!

Sacó de entre sus harapos polvorientos un cuchillo de atracador nocturno y avanzó empuñando su arma hacia el sillón del impedido. El otro se apoyó en los reposabrazos, se levantó aterrorizado y se puso a correr en círculo gritando que lo asesinaban. Los suyos echaron la puerta abajo y hallaron a su amo de pie. No lo habían visto así desde hacía años. Tras la alegría desbordante buscaron al hacedor del milagro. Este había huido por la ventana y no lo volvieron a ver jamás.

LA VOZ

El ermitaño pone a asar su trucha con setas a la entrada de su cabaña de ramas. El humo que echa a volar le abre el apetito. Canturrea un festivo padrenuestro, algo subido de tono, pero le importa poco pues está solo. Cuando se dispone a cenar, una voz, entre los rayos de sol que se divierten con las hojas, baja a él del cielo. Dios le habla. Él lo reconoce, baja la cabeza y escucha:

–Si yo contara a la gente, hijo mío, que a veces me quieres menos que a un desgraciado pescado asado; que sueñas con amores profanos bajo tu manta, esa que todos los primeros lunes de mes lava la mujer del panadero, que, pobrecita, te ama en secreto; si les dijera que duermes con un viejo peluche que escondes a tus visitantes; que te gusta pasar por un sabio consumado cuando sabes que no lo eres, dime, ¿crees que te traerían un bollo los domingos y que te besarían las manos por las sentidas palabras que yo te inspiro porque me compadezco de su alma y de la tuya? ¿Crees que te amarían tanto si les revelara sin contemplaciones que no eres más que un niño perdido en unos sueños demasiado grandes para ti?

La voz calla, el ermitaño también, y después responde estas simples palabras:

–Piensa un momento, Señor. Si yo hablara por todas partes de tu bondad sin medida; si dijera que estás presente en todos los corazones, hasta en los que más te desesperan; si dijera a tus hijos que pueden hacer lo que quieran, que por amor a ellos irías a buscarlos al fondo de los peores infiernos, que no los abandonarás nunca, que les perdonarás todo, hasta las peores artimañas, ¿crees que les ibas a preocupar?

Tras un largo silencio, la voz, por fin, dice:

–Yo me callo y tú te callas. ¿De acuerdo?

UN DESTELLO DE VERDAD

Era uno de esos días en que Satán visitaba sus vastas posesiones. Lo hacía de vez en cuando, con esa ligera borrachera que uno siente cuando hace algo que le gusta. Atizaba las hogueras apestosas, añadía sal en las llagas, animaba a los torturadores; en una palabra, cultivaba, incansable y sin perder detalle, ese campo de locos con cosechas inagotables que parece haber creado Dios en menos de una semana. Aquel día el ángel negro iba acompañado por su aprendiz favorito, un joven demonio entusiasta dispuesto a asombrarse de todo. Y allá iban, felices y contentos, camino de la vivienda de un eremita al que pensaban poder llevar por el mal camino, cuando, de pronto, el diablillo se detuvo y dijo:

–Mira, maestro.

A algunos pasos, bajo un follaje atravesado por los rayos del astro rey, había un hombre de barba blanca inclinado sobre algo luminoso que acababa de encontrar en la hierba. Al aprendiz le dio un vuelco el corazón y murmuró al oído de su patrón:

–¿Has visto lo que ha descubierto?

Y, de pronto, tan excitado como un piojo en una mata de pelo sucio, exclamó:

–¡Es un destello de verdad! ¡Cuidado, maestro, peligro! ¡No te preocupes, que se lo voy a robar!

Satán lo sujetó de la manga.

–Calma, granujilla. Que se quede con su hallazgo, no nos hará ningún daño.

El otro, confundido, agitó sus diez dedos ante sus mejillas, que le ardían:

–Pero, patrón, ¡date cuenta! En virtud de este resplandor, él va a ser capaz de abrir a sus semejantes el camino de la liberación.

–¡Venga ya! –le dijo Satán–. Te preocupas por nada. ¡Yo conozco a los hombres! En cuanto ese viejo iluminado haya confiado su saber a su asamblea de discípulos, ¿qué van a hacer ellos, en tu opinión? Lo consignarán con tinta imborrable, lo interpretarán y lo comentarán. De su saber harán dogmas, rituales, leyes y, para terminar, ¡adivina!

–Ya entiendo: ¡una religión!

Y los dos se fueron de allí entre estruendosas carcajadas.

IV
CONTRA VIENTO Y MAREA

Hay una esperanza de estrella
en la transparencia de las lágrimas.
(Revolución surrealista)

LA CUESTIÓN

El maestro Jalil cuenta a quien lo quiere escuchar que una noche sintió el deseo de inventar un placer nuevo. Mientras gozaba de él por primera vez, oyó de pronto que un ángel y un demonio llamaban a su puerta con estruendo. Uno gritaba:

–¡Desgraciado, estás cometiendo un pecado!

Y el otro:

–¡De ninguna manera, estás obrando bien, continúa!

El maestro Jalil no dijo nada. Sin embargo, la cuestión permanece. ¿Cuál de los dos, el ángel o el demonio, consideraba culpable ese instante de placer y quién lo juzgaba inocente? La verdad se queda perpleja, duda en salir del pozo. A los intrépidos que la buscan, el narrador les desea buenas noches.

EL CANARIO

El hombre le dice al canario:

–Canta.

–No –responde el pájaro.

El hombre le ofrece un puñado de granos e insiste:

–Canta.

–No voy a cantar –contesta el canario.

–Si no cantas, te comerá el gato.

–Mejor la muerte que la cárcel –replica, muy orgulloso, el canario.

–Te lo advierto, pájaro: si no cantas, abriré la puerta de tu jaula.

El canario, horrorizado, levanta hacia el cielo su pico amarillo y rompe a cantar.

LO QUE OCURRIÓ EL DÍA DE LA BODA DE ABDUL

Abdul, el comerciante de perfumes, era la luz de los ojos de su madre. Se pavoneaba en los bailes de palacio con su barba puntiaguda y sus cejas negras como la noche; sonreía con la boca y devoraba con los ojos, afortunado como un sultán de cuento. Era evidente que aquello le gustaba. Lo único que entristecía sus cenas de negocios era sentir que nadie habitaba su corazón.

Sus amigos le decían:

–Abdul, todas las vírgenes del país te esperan, te lloran y te festejan. Dios quiere que tomes esposa, hermano.

Él respondía con un mohín:

–No tengo tiempo. Estoy desbordado de trabajo.

–Piensa en los hijos por venir que dejas a la puerta. Los pobres están tiritando, desnudos, mendigando vida. Tú, que lo sabes todo, ¿ignoras que Alá no ha creado un paisaje más hermoso que el de un hombre y una mujer abrazados en un lecho?

Finalmente, una noche, Abdul se decidió.

Por la mañana, cuando vio a sus amigos les comunicó su resolución al tiempo que avisaba:

–Pero quiero, exijo, que mi boda sea lo nunca visto bajo el sol. Algo prodigioso, histórico. En una palabra: inolvidable.

Los compañeros exclamaron a coro:

–¡Tendrás la boda que deseas!

Costó un dineral, pero así fue.

Imaginaos un día perfecto: suenan albórbolas, resuenan caramillos y darbukas. Hay bailarinas con ombligos de diamante, trovadores llegados en globo del norte provenzal, concursos de tiro con ballesta sobre trapecistas voladores, melodías de *castrati* turcos –apenas audibles, por desgracia, en el estruendo del banquete–, águilas que se echan a volar desde las ventanas con sus garras cargadas de huesos de buey para los miserables que pueblan las callejuelas, asados de camellos de leche para los tragafuegos, corderos rellenos de testículos de león, bolitas de kif clandestinas que pasan de mano en mano... En resumen, llegó el momento sagrado en que los jóvenes esposos y sus acompañantes entraron, jubilosos, en la mezquita florida donde Alá aguardaba pacientemente su llegada. Y entonces fue cuando el cielo, de pronto, se resquebrajó como un jarrón chino aquejado de apoplejía.

Veamos seguidamente qué sucedió.

El imán recibe a los esposos y pronuncia la inevitable alocución. La asamblea escucha con la cabeza baja la homilía nupcial. Hasta aquí, todo va bien, todo es orden, lujo oriental y deleite. Y llega el instante irremediable. Observad que una mente despierta habría podido presentir el apocalipsis que se iniciaba. Abdul tiene el vientre como un globo. ¿Por culpa de las habas, del cuscús, del vino griego, de la euforia espontánea que hace que cante ante el Altísimo su voz de bajo? El hecho es que, en el silencio todavía perfumado de rosas que sigue a las últimas palabras del predicador musulmán, Abdul se oye lanzar una ventosidad: no una brisa pasajera, una flatulencia que se olvida apenas sale a tomar el aire; no, un pedo de altos vuelos, un pedo imposible de negar, un pedo que retumba de una pared a la otra, autoritario, decidido. Se expresa, dominante, y luego se marcha a visitar la ciudad. Llegan ecos lejanos. Finalmente se hace el silencio.

El imán da unos golpecitos en la cara de la prometida, que se ha desvanecido. Abdul, encorvado, retrocede. Todas las miradas convergen en él como si lo apuntaran mil fusiles. Ya no hay sino vergüenza y miseria. Él ya no es nada, ni perfumista ni novio megalómano. Recula hasta salir de la casa de Alá, corre a su establo y monta de un salto en su mejor caballo de carreras. Se aleja por las callejuelas, pone rumbo al viento del desierto y se convierte en una nube de polvo. Pasa tres días y tres noches sin comer ni beber. Siente hambre, pero no tiene tiempo. A la orilla del mar hay un puerto y un barco a punto de zarpar. ¿Hacia dónde? ¡Qué más da! ¿La India? Perfecto. Se instala allí, vive bien, se hace comerciante de lotos. Recupera la serenidad. ¿Han pasado diez años? Su antigua vergüenza sigue presente, pero ya no le enciende las mejillas. Una tarde de pájaros burlones, mientras las cortinas de su habitación se mueven con el viento, el crepúsculo le dice: «Es hora de volver». Espera que lo hayan olvidado. Y regresa.

De nuevo el aire marino le hincha el pecho. De nuevo aparecen el cielo familiar, las dunas, el pozo en la arena. De nuevo ve, de lejos, las casas, las terrazas, la ropa tendida, la vibrante ciudad que le vio nacer. Antes de llegar a las primeras calles se detiene, con el corazón palpitante. Se baja del caballo y se sienta a la delgada sombra de una higuera. La brisa le lleva el suave chirrido de una puerta. Junto a ella, en un banco, juegan una vieja y una niña. «Qué bonito», piensa Abdul. Y sonríe al verlas felices.

–Abuela, ¿cuántos años tienes? –pregunta su nieta.

La vieja menea la cabeza. Lo ignora. Se echa a reír.

–¿Y sabes cuántos tengo yo?

–Claro que sí, preciosa mía. ¡Tú naciste la víspera del día en que Abdul se tiró el pedo!

A Abdul se le rompe el corazón. Se incorpora, vacila, intenta apoyarse en el aire. «¡Que me aspen, estoy teniendo una pesadilla! –se dice, mirando a lo lejos–. ¡Mi pedo, una fecha histórica! ¡Un hito, un mojón en el camino de los días! Adiós, gente. ¡Aprisa, montemos a caballo y embarquémonos hacia ninguna parte!».

A vosotros, que lo veis huir y borrarse en el polvo, el cuento os dice: Amigos, reíd, pero con ternura. Jueces o culpables, confesad. ¿No habéis convertido nunca un suspiro del vientre en una vergüenza metafísica? Hala, yo me callo. Dios, también.

LA OFENSA Y EL FAVOR

Dos amigos van de camino. Sus nombres son Adán y Alí. ¿Adónde se dirigen? Poco importa. Adonde va el desierto. Adán y Alí hablan de cosas intrascendentes. En algún momento, Alí pregunta:

–¿Cuál es el saber más luminoso que has aprendido de tu maestro de armas, tú que eres un guerrero temido hasta por los más fuertes?

Adán le contesta:

–El sabor de la paz.

Su amigo se extraña.

–Y, sin embargo, hermano, él ha hecho de ti un espadachín con un brazo infalible.

Adán lo recuerda. Menea la cabeza.

–Mi maestro solía decirme: «Sé un guerrero en un jardín, mejor que un jardinero en una guerra».

Alí ríe, burlón.

–Qué absurdo –exclama.

Adán lo reprende y, medio en broma, empuja a su amigo y hace que caiga rodando entre unos matorrales.

Alí, furibundo, se arranca las espinas, se abalanza sobre Adán y, sin pensárselo dos veces, le da un puñetazo en la nariz. Pero inmediatamente después le dice:

–¡Perdón, perdón! Ha sido sin querer. Qué malo soy. ¿Te he hecho daño? ¡Perdón!

Le seca las mejillas a su compañero, le acaricia la nariz, le ayuda a reincorporarse y le arregla la ropa. Adán lo rechaza con mirada seria. Se deja caer al borde del camino y con la punta del bastón traza estas palabras en el polvo: «Hoy a mediodía mi mejor amigo me ha dado un puñetazo».

Se ponen de nuevo en marcha. Caminan en silencio bajo el cielo azul y el sol ardiente. El aire parece dormir, pero de pronto, al fondo de una pendiente, un viejo estanque seco se agita con fuerza. Adán, estupefacto, contempla sus pies. La arena movediza se traga sus botas. Él se queda atrapado, se hunde agitando los brazos. Alí los agarra y, con un esfuerzo que lo deja agotado, consigue sacar a su amigo al borde de la charca. Y aquí tenemos a los dos, sin aliento y sudorosos, a la sombra de una roca. Entonces Adán busca una punta de sílex, le da vueltas en la palma de su mano y grava esto en la roca: «Este mediodía mi mejor amigo me ha salvado la vida». Después dice sonriente:

–Mi maestro me decía también: «La ofensa que has sufrido cuéntasela al polvo y que el viento se la lleve. Pero el favor que te han hecho confíalo a la roca inmutable. ¡Y que nada lo borre jamás!».

El narrador quiere que en ese mismo instante divisen un oasis. Corren, ríen agitando las manos. Salen contentos del cuento.

EL HALCÓN BLANCO

Se jactaban de conocerlo, pero nadie había visto nunca a aquel comendador de rateros, bribón divino entre los devotos, gentilhombre entre los sinvergüenzas, rufián entre los papanatas: el Halcón Blanco. Así llamaba el pueblo a aquel incomparable ladrón. Todos lo admiraban sin ocultarlo. Era el vengador de los pobres, el bienhechor de los desarrapados y –todavía más divertido– la pesadilla del viejo sultán que reinaba en Damasco a pesar de su edad temblorosa. En todas sus siestas soñaba con ver ante él al Halcón Blanco con las muñecas atadas, la nariz llena de sangre y dos grilletes en los pies. Hasta su lecho definitivo esperó verlo aparecer y murió gravemente decepcionado, sin poder siquiera cumplir su último deseo de hacer empalar a su ministro de la policía.

Le sucedió su hijo mayor, que era joven, instruido en todo y henchido de ardor poético. Lo que elevaba su alma a mayor altura que sus rizados cabellos era conquistar la estima póstuma de su anciano padre amado y, por tanto, poder decirle un día, en lo secreto de su corazón filial: «Tu Halcón ya no volará más». ¿Cómo emprender esa ardua misión? Mientras se rascaba la frente para despertar a su tercer ojo, un día le vino a la mente la antigua imagen de un rey de Oriente ejemplar, al que amaba con un amor inagotable su nodriza, extasiada con sólo oír murmurar su nombre. ¿Y qué había hecho ese rey, en su momento, para conocer verdaderamente a su pueblo? Se había disfrazado de comerciante de baratijas y simplemente se había mezclado, más o menos una vez al mes, en la vida de las callejuelas y de la gente sencilla. Así se aprenden muchas cosas y, por qué no, a lo mejor uno se encuentra con el Halcón Blanco y su tropa de malandrines. Realmente era lo que había que hacer. Y lo hizo, en cuanto llegó la noche.

La cosa no fue tan fácil. Corretear por calles mugrientas, empujar la puerta de tabernuchas tan impregnadas de vino que uno podía emborracharse dentro sin necesidad de beber, levantar el vaso de madera entre hampones alegres brindando a la salud del Halcón Blanco, todo eso fue para él una prueba tan tenebrosa y complicada que pronto perdió todo arrojo. «Es como correr en pos del viento para preguntarle su dirección –se dijo–. Una noche más y adiós, me vuelvo a casita».

En su último vagabundeo oscuro tuvo un último encuentro. Al ver pasar al falso comerciante, un hombre, en el umbral de una taberna, le dijo:

–Yo soy el Halcón que buscas. Entremos y bebamos.

El joven rey se quedó estupefacto. Con el corazón desbocado, sintió que lo empujaban dentro. Vio tres velas, una jarrita y dos vasos encima de una mesa. Ni rastro de clientes, la fonda estaba completamente vacía. Se colocaron frente a frente. ¿Con que era ese el Halcón Blanco? ¿Un joven anciano apacible, divertido y vigoroso?

–¿Querías verme? Pues aquí estoy –dijo, sirviéndose de beber. ¿Qué quieres? ¿Cortarme el cuello? ¿Proponerme un ministerio?

El joven rey le contestó:

–Puedes hacerte el orgulloso, viejo loco, pero no olvides que un día sufrirás la suerte que en mi reino se reserva a los bandidos de tu calaña. Robar es un sucio oficio. Yo lo repruebo y lo condeno.

El otro le soltó una risita burlona.

–Robar es un arte, camarada.

El Halcón de cabellos nevados, impasible, prosiguió su explicación de este modo:

–Robar exige cinco cualidades que convierten a alguien perdido en su propio pellejo en un hombre digno de este nombre.

Se calló, le dirigió una mirada aguda, y después contó con los dedos:

–Para empezar, inspiración, luego valentía, atención continua a los demás, prudencia, y finalmente justicia, sin la cual todo se viene abajo.

–¡Pero tú eres un bandido, un truhán sin moral! ¿Cómo pretendes que te crea?

–Presentir el botín donde se halla tranquilamente: esa es la intuición fundamental. Ser el primero que se arriesga donde duerme el buen negocio: y el valor está servido. Cubrir la retirada de su tropa: eso es preocuparse por el prójimo. Saber calcular los verdaderos riesgos: esa es la prudencia del fuerte. Compartirlo todo a partes iguales: eso es honrar la justicia. Mírame y no lo olvides. Por fuera yo soy un bandido; por dentro, un viajero en ruta hacia el corazón del mundo. Y tú, que reinas y ordenas, joven rey, ¿sabes a dónde vas?

El otro se quedó boquiabierto y, de pronto, no vio en sí mismo más que las vanidades de un alma mezquina, unas certezas mal compuestas y unos andares entre el perro y el lobo.

Permanecieron en la taberna sin oídos hasta la mañana, hablando del mundo, de los seres, de los mil secretos de la vida. Al final, el rey le pidió:

–Sé mi primer ministro.

El Halcón Blanco le respondió:

–Antes, sé tú mi aprendiz.

Se echaron a reír y se abrazaron. Dicen que volvieron a verse con frecuencia.

EL RUISEÑOR

Un día, en los tiempos benditos en que Salomón velaba por la abundancia de las fuentes y la tranquilidad de los corazones, sucedió que un rico que deambulaba por el zoco de la hermosa Bagdad se compró un ruiseñor. Desde la primera mañana que pasó en su jaula, colgada del techo estrellado de la alcoba del amor, el pájaro cantó tanto y tan bien, que su dueño no tardó en quedarse prendado de los arabescos vocales que embelesaban a los de su casa. A partir de entonces, nada era lo suficientemente bueno para su encantador cotidiano: granos azucarados, lecho de pétalos, agua fresca perfumada de anís.

–¿Estás contento? –le decía el hombre.

El pájaro respondía que sí. Al menos, eso era lo que pensaba el enamorado dueño del pájaro, pues su prisionero, de pronto, desbordaba de cantos, con su pico levantado hacia el cielo.

Pasaron así treinta días entre arrullos de felicidad, hasta una mañana azul en que el milagroso de hermoso plumaje, al que habían puesto en el balcón a tomar el aire, recibió la visita imprevista de un antiguo compañero del campo. Ese inesperado hermano se subió a lo alto de la jaula y murmuró al prisionero algunas palabras aparentemente claras, aunque inaccesibles para los humanos. Después agitó el ala, y adiós.

Desde aquel momento no salió de la prisión la menor canción de amor, ni el más mínimo gorjeo. Silencio total. Huelga de gaznate. El hombre frunció su enorme entrecejo y pidió explicaciones.

–Dime: ¿estás enfadado? ¿Por qué? ¿Te duele la garganta? ¿Te ha disgustado alguien?

Aguzó el oído, con el corazón destrozado. Pensó tontamente: «Se ha quedado ronco». Y después: «¡Qué desgracia! ¿Será grave? Tiene la mirada vidriosa, está febril». Y luego: «Señor Dios, ¡haz algo!». Se acordó de Salomón, que hablaba con soltura la lengua de los pájaros. «¡Si alguno puede hacer que se le vuelvan a hinchar las plumas es él y sólo él!», se dijo. Y corrió al palacio real con su jaula y su mudo.

Salomón ofreció su índice al ruiseñor, que se posó en él.

–Y bien –le dijo el rey de reyes–, amigo mío, ¿qué te apena?

El pájaro le contestó:

–Majestad, hubo un tiempo en que el cielo era mi país. ¡Yo era la despreocupación misma! Y resulta que un día desgraciado, en el olivar donde vivía, un cazador me tendió una trampa. Me capturó, me vendió, me separó de mi mujer y de los hijos de nuestro amor. Desde entonces los lloré día y noche, y el guardián de mi prisión se imaginaba que yo estaba tan contento lanzando trinos sin ton ni son para su deleite y el mío. El muy imbécil no se enteraba de nada, y yo tampoco, lo reconozco, hasta el día en que un viejo pariente llegó del bosque y me dijo: «Deja de gemir. ¡Tus quejas son lo que te mantiene preso!». Entonces decidí callarme, hasta el día bendito entre todos en que me devuelvan los árboles, mis compañeros y mi amada.

El rey de reyes dijo a su dueño:

–¿Quieres ver a tu amigo contento? Abre la puerta de su jaula. No hay nada más hermoso que un pájaro libre en el cielo abierto a su vida.

El hombre gruñó, pero obedeció. El ruiseñor salió volando. El aire se puso contento. Él también.

A RESGUARDO DE LA DESGRACIA

Después de establecer la paz en todas las fronteras de su reino, el rey Salomón deseó tener un nuevo palacio. Con este fin pidió a los astrólogos de su corte que indicaran el lugar perfecto, así como los auspicios favorables para la edificación de la obra deseada.

–Rey de reyes –le dijeron los sabios–, hemos consultado al cielo. Si quieres que tu residencia esté a salvo de toda desgracia, debes emparedar vivo allí a un joven que sea hijo único. Además, la madre del chico tendrá que aceptar de buen grado entregarte el fruto de su vientre.

Salomón, por tanto, hizo publicar que ofrecería su peso en oro puro a la madre que estuviera tan necesitada como para vender la vida de su hijo.

Llegó una madre, viuda, triste y extenuada, vestida de harapos. Llevaba de la mano a un niño de diez años. Cuando estuvo ante Salomón, el muchacho le dijo:

–Antes de morir, rey de reyes, permíteme que les haga tres preguntas a tus sabios. Si responden correctamente, entonces me sacrificaré. Pero si fallan, es que en realidad no saben lo que dicen los astros.

El rey de reyes asintió con la cabeza. El chico tomó aliento y dijo:

–Hombres sabios, decidme si podéis: ¿Cuál es la cosa más ligera en este bajo mundo? ¿Cuál es la más dulce? ¿Y cuál la más pesada?

–¿La más ligera? Una pluma de oca –respondieron los astrólogos–. ¿La más dulce del mundo? La miel. ¿Y la más pesada? Una roca.

–En absoluto –replicó el muchacho–. Escuchad: nada hay más ligero que un niño en los brazos de su madre; nada más dulce, sin duda, que la leche que mama de sus pechos; y nada hay más pesado y duro que hacer que empareden vivo al hijo que una madre ha traído a este mundo.

Los sabios bajaron la cabeza. Salomón también se quedó callado. El palacio no se construyó.

LA PALOMA Y EL GAVILÁN

Dicen que el rey Shibi era tan generoso que su fama llegó hasta el cielo. Algunos dioses se pusieron celosos, sobre todo dos: Agni e Indra. Un día se les ocurrió la idea hiriente de poner a prueba a aquel hombre impecable. Agni se transformó en una paloma e Indra en un halcón macho. Y cuando Shibi, una mañana de verano, dormitaba junto a una fuente en el jardín de su palacio, ¿qué vio por encima de los árboles? A esas dos aves que revoloteaban en el límpido cielo azul.

Aparentemente, una de ellas perseguía a la otra. La falsa paloma, temblando de espanto, se dejó caer, sin aliento, entre los pliegues del manto real. El halcón, por su parte, se posó en el borde de la fuente.

–Majestad –dijo–, entrégame mi presa. Tengo que alimentar a mi familia.

El monarca le contestó:

–No puedo, noble halcón. Este pájaro me pide asilo. Dártelo sería indigno del corazón que me mantiene vivo.

El halcón se hizo el ofendido.

–¿Esta es la generosidad que hasta en los cielos vivientes ilumina tu nombre? Yo tengo hambre y los míos también. Mis hijos recién nacidos no van a tener su bocado. Por una vida que salves, ¿cuántas otras vas a perder?

–¿Qué quieres que no sea esta paloma? –replicó el rey–. Habla y lo tendrás.

–Quiero su peso en carne arrancada a tu cuerpo.

El rey Shibi hizo que le llevaran una balanza de carnicero, se cortó el músculo del muslo, lo puso en un platillo y colocó a la paloma en el otro. El dios Agni se apoyó, malvado, en el ave e hizo que pesara varias libras más. El rey Shibi comprendió entonces que, en ese juego, pronto le pedirían incluso su corazón. Aceptó que se lo quitaran. Y, cuando se ofrecía al cuchillo, aparecieron Agni e Indra, de nuevo en sus cuerpos divinos. Se inclinaron ante Shibi y soplaron en sus miembros ensangrentados. El rey, intacto, volvió a dormitar entre el murmullo bienhechor del agua fresca y el viento ligero.

EL MALDITO

Uno de esos vagabundos místicos llamados bektashíes está saboreando una sandía rancia en una carreta ruinosa. De pronto levanta la nariz, frunce el ceño y aguza el oído. Un rumor sordo invade el mercado, crece de repente y se llena de sol. Se escuchan trompas y tambores. La tropa del sultán Mehmet, caracoleante y abigarrada, pasa a tres pasos de los dedos de los pies del vagabundo. Él la contempla fascinado. Uno de aquellos magníficos jinetes lo lanza de un latigazo al polvo que se ha levantado en el camino. Mehmet el Grande se va de caza.

Lo único que desea ardientemente el monarca, su pasión nunca aplacada, su aventura vital es perseguir a la liebre, al zorro del desierto, al pájaro imprudente, a la gacela. Pero, ¡ay, mil veces ay!, ese día aciago, nada de nada. Qué jornada tan tediosa. Las presas le toman el pelo. Se atreven a no caer muertas cuando una flecha les hace cosquillas. Por la tarde Mehmet regresa refunfuñando, gruñendo, fumando y con las mejillas encendidas. Tiene que haber, por supuesto, un responsable de ese rarísimo fiasco. Alguien le ha dado mala suerte.

–Yo sé quién ha sido –le dice su visir–. Cuando nos íbamos del palacio esta mañana, me fijé sin ninguna mala intención en un pordiosero de una fealdad fascinante que te miraba de arriba abajo con una mirada rara. No busques más, seguro que te echó un maleficio.

El otro exclamó:

–¡Que lo encuentren y me lo traigan inmediatamente!

Y aquí tenemos al bektashí arrojado con rudeza al pavimento al alcance de los pies del sultán. Sobre sus hombros encorvados se abate el rugido de un huracán.

–¡Me has privado de mi caza, me has echado una maldición, mendigo perverso! ¡Confiesa antes de que te mande empalar!

El otro, sin apenas asombrarse, dice:

–Por lo que veo que piensas, majestad, yo he protegido a algunos conejos de tus ansias devoradoras, lo que ni siquiera es exacto, y tú me condenas a muerte por haberte mirado pasar. ¿Quién, tú o yo, ha maldecido al otro?

El sultán vacila un momento, parece reflexionar, luego se le ilumina la cara y tiende la mano al mendigo:

–Gracias por este grano de sabiduría que acabas de sembrar en mí. Sé tú el maestro que necesito.

El bektashí contesta:

–Deja tu trono, olvida tus riquezas y sígueme.

Mehmet aprieta los dientes y dice:

–No puedo.

–Me lo imaginaba –dice el hombre–. Adiós.

Y, picoteando algunos frutos secos que saca del fondo de su bolsillo, prosigue su camino infinito.

UN POCO DE MIEL

Llega un leñador al pueblo. Lleva al hombro un saco de miel silvestre que piensa vender al abacero. Entra en la tienda, deja la carga sobre el mostrador y, mientras saluda a la gente, un poco de miel cae sobre las baldosas, delante del hocico de un lagarto que casualmente pasaba por allí. El animal olfatea con su lengua afilada la maravilla caída del cielo, pero siente, detrás de su cola, a un gato silencioso que avanza con las garras preparadas. Huye como él sabe hacerlo, más rápido que un rayo. El gato mira a derecha e izquierda, se aplasta contra el suelo, ronronea una pizca y se dispone a relamerse. Pero he aquí que un perro juguetón le avisa con su ladrido. Está claro que se niega a verse privado de postre. Sus colmillos amenazan al gato, que maúlla y da vueltas a su alrededor con el pelo erizado. El amo viene en su auxilio y da una patada al chucho. Con el rabo entre las piernas y dando un gruñido, acude a quejarse a su hermano mayor humano, que marcha, furibundo, al lugar del delito.

El dueño del perro protesta y amenaza con insultos intraducibles a un lenguaje fino. Agarra del cuello al dueño del gato y lo empuja contra un estante. El otro le arrea un golpe en la nariz con la frente. Hay vasijas rotas, utensilios que caen con estrépito. Intentan separarlos y no hacen más que empeorar las cosas. Salen al callejón. La gente que pasa toma partido por uno u otro animal. En el ensordecedor estruendo se escucha: «A ver, tú, pedazo de imbécil, ¿qué tienes que decir de mi madre?». Y entonces la bronca se extiende entre los espectadores.

A la tienda desierta llegan los ecos de la batalla lejana. A la sombra fresca, por fin tranquilo, un lagarto se atiborra de miel.

EL PALACIO AGRIETADO

Un rey se hizo construir un palacio tan desmesurado que adelgazó sus arcas en mil carretas de piezas de oro. Lo adornaron con estatuas antiguas, con obras de arte inigualables, con placas de mármol andaluz, con bañeras faraónicas y estancias musicales; en una palabra, hicieron todo lo posible para que aquel lugar dejara pasmados a los cronistas de la corte. La tarde de la inauguración el rey invitó a sus poetas, a sus filósofos y a sus adivinos a sentarse a los pies de su trono.

–Amigos –les dijo–, decidme con franqueza. ¿Falta algo aquí? ¿Satisface este incomparable palacio vuestras exigencias de dichosa y sutil belleza? En resumen, ¿es perfecto?

Todos respondieron:

–Lo es, señor. Sobrepasa en magnificencia la morada de Salomón, el palacio de Sardanápalo y los jardines del rey David.

–No estoy de acuerdo, señor –gruñó un viejo amigo de Dios.

Todos se quedaron perplejos y se volvieron, boquiabiertos, hacia el sabio perturbador.

–Este palacio está agrietado –añadió el viejo.

–Chocheas –le reprendió el rey–. ¿Dónde hay una grieta en esta obra maestra?

–En el lugar exacto por el que el Ángel de la Muerte entra en casa de los vivos –le contestó el asceta–. Rellena, si puedes, esa brecha invisible o, si no, majestad, tu trono y tu palacio no serán pronto más que un sueño desvanecido. La muerte convertirá este edén en un erial abierto a los vientos. Aquí abajo nada permanece, todo pasa. Vendrán los lobos a tus salones. ¡Ay de ti si lo ignoras! Te he dicho lo que debía. Regreso a mi choza. Adiós.

EL CANTO DEL GUERRERO

Archiveros, cronistas, historiadores, ¿habéis hallado alguna vez en los caminos de la memoria un conquistador más temible, más odiado, más infatigable que este cuyo nombre no nos atrevemos a decir? Con su torso de cobre y su sable bermejo, más indomable y batallador que el viento impetuoso, dejando por donde cabalgaba ruinas en murallas y pueblos, sangre y fuego. Tan sólo los muertos que se multiplicaban bajo el sol indiferente eran capaces de iluminar su mirada.

Pues bien, una hermosa tarde de verano, tras la batalla, cuando se dirigía sin prisa hacia su campamento, llegó a sus oídos una música que salía de entre las sombras al lado del camino. Se alzó en su montura y descubrió a un hombre encorvado sobre su laúd, que entonaba esta canción:

> Conquistador hambriento de gloria y fama,
> de ti un día no se guardará memoria.
> Tus gestas y crímenes caerán en el olvido,
> como de mí tampoco quedará recuerdo.
> Se olvidará todo lo que me hizo feliz…
> Quizá sólo resista el tiempo esta canción.

Por primera vez, el invencible sintió que le fallaba el corazón. Aquella noche, aunque era apacible, no pudo conciliar el sueño. ¿Realmente era posible que el relato de sus batallas, de sus hazañas y de sus conquistas fuera a reunirse con los muertos anónimos en la fosa sin fondo del tiempo? «Es inaceptable –se dijo–. Debo perpetuar mi gloriosa memoria en los siglos venideros y que mis gestas no dejen de cantarse. Para ello, he de conquistar el impalpable país del canto y de la música». Ordenó de madrugada que le llevaran sin tardanza al vagabundo cantor, en el que fijó su aterradora mirada.

–¿Puede una canción lograr que mi nombre franquee los siglos futuros?

El hombre, pensativo, permaneció en silencio, hasta que dijo:

–Puede.

–Entonces exijo que me enseñes a convertir este instrumento musical en un medio para alcanzar la eternidad.

–Llevará mucho tiempo –respondió el otro.

–¿Más que una ciudad que devastar?

El mendigo asintió con la cabeza.

–Pues manos a la obra. Estoy dispuesto.

Al principio el laúd lo intimidó. No sabía qué hacer con él. Temblaba nervioso. Mas puso todo su empeño en la tarea. Le dolían los diez dedos de las manos y su espalda encorvada. Pronto descubrió que era más fácil cortarle la cabeza a un hombre que hacer disfrutar a otros pulsando tres cuerdas. Jamás se había esforzado tanto. Jamás había ejercitado tanto la paciencia que escondía su cuerpo. Un día, por fin, el laúd vibró. ¿Acaso se acordaba del árbol en el que había vivido, de las lluvias regaladas a su follaje, de los pájaros que volaban a su alrededor? Le gustaban esas manos enflaquecidas que le devolvían fuerza y vida. Entonces, el brutal guerrero quiso por fin improvisar aquella oda a su gloria eterna con la que tanto tiempo había soñado, mas de pronto le pareció vana, ridícula, incluso inútil. Y sonrió. Lo único que acudió a sus labios fue el canto que había escuchado antaño en el camino, al ponerse el sol:

> Conquistador hambriento de gloria y fama,
> de ti un día no se guardará memoria.
> Tus gestas y crímenes caerán en el olvido,
> como de mí tampoco quedará recuerdo.
> Se olvidará todo lo que me hizo feliz…
> Quizá sólo resista el tiempo esta canción.

V
TODO ACABA POR SER VERDAD

Tu mirada le da la vida al mundo.
Si está fría, sin nada que la anime por dentro,
todo lo que contempla se vuelve inanimado.
Si un deseo habita en ella, un anhelo o llamada,
de inmediato las cosas vuelven a cobrar vida
y la luz de los seres se despierta.
(Anónimo)

LOS SABIOS Y EL LEÓN

Dos sabios ilustres paseaban una hermosa mañana bajo la luz del desierto. Tras ellos, Hodja el Simple abanicaba sus nobles hombros con una rama de palmera enana. Los dos eminentes eruditos, al paso lento de sus babuchas, caminaban gesticulando, departiendo sobre filosofía con un ardor tan alegre que Hodja se olvidaba a veces de agitar a su espalda su instrumento de viento. Pronto empezó a abanicar sólo su propia cara, cuando escuchó al más grueso confiarle a su compañero:

–Amigo, dame cualquier resto de esqueleto animal, un hueso, una vértebra, un diente, incluso estropeado, y yo reconstruiré en torno a ese deshecho la carne desaparecida del animal, sus moléculas, sus átomos, su sangre, sus órganos, su piel, en una palabra: su cuerpo, de arriba abajo. ¿Acaso el arte biológico no se alza más alto que el Everest?

–¡Bagatelas! –contestó el otro–. Más aún: ¡sandeces pueriles! ¿Sabes qué puedo yo? Atrévete a presentirlo, a olerlo, a confesarlo. Sí, presiento que lo sabes. Da, pues, querido mío, la bienvenida a la ciencia insuperable que permite a su servidor (yo mismo) insuflar la vida en el cuerpo de tu bicho, hacer que tu cobaya se alce sobre sus cuatro patas y respire de nuevo el aire de la Creación. ¿Acaso no estamos aquí a la altura de Dios?

Mientras caminaban de este modo, con la humilde paz de los sabios, ¿qué se encontraron a la sombra de una roca? El cráneo de un león. Los dos eruditos lo examinaron, con los ojos entornados y la nariz ansiosa, después olvidaron su paseo y se animaron uno al otro a demostrar su pericia. El primero, sin equivocarse ni una vez, recitó algunas letanías y derramó tres gotas de poción sobre el cráneo blanco del animal, donde inmediatamente vieron que volvía a brotar su hocico, su belfo arremangado, su lengua entre los colmillos, su melena regia, su pelaje reluciente, sus patas provistas de garras y, por último, su cola posada en su lánguido flanco. Entonces Hodja el Simple, mientras abanicaba al segundo erudito la cara, los hombros y los pies, se atrevió a alzar su miserable voz:

–Sabio ilustre –le dijo–, yo no dudo ni por un instante de tu deslumbrante genio. Seguro que eres capaz de devolverle la vida al animal que acaba de fabricar tu eminente colega. Sin embargo, espero que prefieras saborear estos dulces locales que mi abuela cocinaba en la época en que el mundo marchaba bien.

–Estás temblando, ¡qué vulgaridad! –respondió el sabio, riendo suavemente con su boquita de piñón–. Tienes que saber que el hombre de ciencia es el sumo sacerdote incontestado de la fuerza creadora. Puede devolver el aliento al animal y no duda en hacerlo. ¡La fortuna es de los audaces!

Derramó una gota de su medicamento en la frente del león; el animal se frotó una oreja y luego la otra contra los guijarros que tenía a su alrededor. Una segunda gota le mojó el rabillo del ojo, que se abrió inmediatamente. El león bostezó y sacudió perezosamente su melena. Hodja corrió a buscar refugio en la rama de un árbol muerto. Desde su puesto vio cómo caía una tercera gota sobre el hocico del león dormido. El animal se incorporó y saludó al sol con un fiero rugido.

–Señor –dijo el erudito abriendo los brazos extasiado–, ¿ves lo grande que soy?

Dios no contestó, pero el león sí lo hizo (es sabido que los leones hablan a golpes de colmillo). Lanzó una pata, después la otra, abrió sus enormes fauces, devoró a los sabios y, sintiendo de pronto ganas de ternura, se fue, con la nariz al viento, a buscar una leona entre las dunas del desierto.

EL LADO BUENO DE LA REBANADA

Fue un día inesperado como pocos en el gueto de Praga, en Bohemia. Veamos lo que sucedió.

Son las siete y media. Un hombre a medio despertar entra, arrastrando los pies, en su fría cocina. Hay vajilla amontonada en el fregadero y un vaso medio lleno en la mesa. Mientras se calienta el café, corta una rebanada de pan. ¿Dónde está la mantequilla? Ahí la ve. Extiende despreocupadamente un trocito con el cuchillo. Bosteza. Llega el instante fatal. La rebanada, de pronto, se le escapa de entre los dedos. Él suelta una palabra no aceptada en los diccionarios decentes y se queda boquiabierto, fascinado por lo que ve sobre las sucias baldosas: el pan no ha caído del lado de la mantequilla.

Todos, en Praga y fuera de allí, han hecho cien veces la experiencia. Nunca jamás ha caído la rebanada sobre su lado seco. Es una ley universal que ninguna miga, ningún cuscurro, desde que el mundo es mundo, se ha atrevido a ridiculizar. Pues bien, resulta que una humilde cocina, en un barrio bajo del gueto, se ve de pronto elevada a la categoría de esos rarísimos lugares que a la gente le gusta fotografiar. Aquí, queridos oyentes, una rebanada anónima se ha negado, repito, a caer sobre el lado untado de mantequilla.

¿Qué hace el que se disponía a desayunar? Avisa a los vecinos. Todos acuden a ver al rabí. Le interrogan, quieren saber si en la Biblia, o en alguna parte de la Torá, se menciona un suceso comparable. El hombre de Dios es un verdadero sabio. La prueba es que nunca tiene prisa. Ofrece un vaso de tisana a la gente, que acecha en su cara un signo más o menos tranquilizador, y después advierte que va a rezar, a hojear los libros sagrados y a dormir, si tiene tiempo. Luego añade:

–Buenas noches, amigos. Id mañana a la sinagoga, pero no demasiado pronto.

Los buscadores de sentido se dispersan.

Al día siguiente llueve. No importa. El rabino tiene cara de cansancio, pero se percibe que la verdad lo ilumina y se divierte disimulando cuánto le gusta vencer enigmas severos. Avanza hacia sus fieles. El receptor del milagro acude a él; el sabio lo toma del hombro y le dice (hablando para todos):

–He rezado, he reflexionado, he rumiado la cuestión de saber por qué la rebanada no obedeció a la ley que todos conocen aquí abajo. En realidad, no fue la tostada la que cayó del lado seco. Fuiste tú el que se equivocó, buen hombre. Deberías haber untado tu mantequilla por el otro lado. Eso es.

EL MOSQUITO

Un buscador, un místico amado por sus discípulos: así era aquel mosquito. Había cruzado el desierto mosquitero y sus enormes granos de arena; había meditado largo tiempo en el bosque de pelos gigantes de un pacífico dromedario, lejos de las preocupaciones de este bajo mundo; y había llegado a la orilla esperada: un charco de pis de asno.

–¡El océano, por fin! –se dijo–. ¡La última dificultad antes de alcanzar el rostro iluminador del Padre Creador!

Y al ver una brizna de paja que venía a la deriva, despreocupada, hacia sus patas mojadas, exclamó:

–¡Alá cuida a quienes lo aman! ¡Aquí llega el barco bienvenido que me conducirá sin dificultades a la orilla de los Bienaventurados!

Se embarcó en la ramita, aspiró el viento con los ojos cerrados, se embriagó de alegres oraciones. De repente, un pie que pasaba por allí pisó en el charco, salpicando a su alrededor.

El mosquito no tuvo tiempo de pedir socorro a Alá.

Fin del viaje iniciático.

Muchos no acaban mejor.

LA VIGA

Una noche, un importante maestro estimado por Dios se detiene en su largo viaje en el patio de un antiguo albergue, que parece no esperar a nadie más que a él. Está cansado, el albergue es sencillo y el humo de su chimenea desprende un buen olor a madera vieja. Sin embargo, nadie sale a recibirlo. Ni un palafrenero para desenganchar sus caballos, ni una criada correteando a su alrededor, ni un tabernero que le haga la reverencia. Asombrado, siente que se le viene el mundo encima. «Me ignoran –se dice–. ¿No te parece, Dios mío?». El interpelado no contesta.

Entonces el maestro avanza con la cabeza alta, se planta bien tieso en el umbral, extendiendo un índice amenazador hacia el dintel de madera oscura que preside la puerta abierta, y clama con voz de fanfarrón estas palabras inconsecuentes:

–Dado que el dueño del hogar te considera incapaz de ofrecerme tu protección reconfortante a mí, un santo viajero, te ordeno, viga sin alma, que te conviertas en una serpiente negra en cuanto salga el sol mañana por la mañana.

En el interior en penumbra se miran, boquiabiertos, sin atreverse a decir ni una palabra. El posadero balbucea, con la cara desencajada:

–¿He oído bien? Pero ¡es terrible! ¡Me horroriza todo lo que repta, hasta los gusanos relucientes me espantan! ¡Ten compasión de mis pobres hijos, compadécete de los que todavía no han nacido!

Su esposa, mientras embute de cualquier manera unos vestidos en un saco, dice:

–Yo me voy, me doy por vencida. Entrar y salir bajo una serpiente es demasiado. Me niego. Adiós.

El marido la sujeta por el pie. Ella se desploma sobre una mesa y da con la nariz en una jarrita de vino. Él lloriquea:

–Hombre santo, ¡mira qué desgracia siembras!

Los huéspedes se mezclan en la discusión. Algunos apuestan en voz baja: «¿Va a hacer lo que ha dicho? ¿O va a perdonar a los culpables?». Hasta los hombres de su séquito suplican a su maestro que sea bueno. Este da un suspiro y relaja el entrecejo fruncido. Sienten que se aleja la tormenta. Por fin, pronuncia:

–Si Dios lo quiere, que la viga de esta puerta se quede para siempre donde está.

Aplauden, se abrazan con fuerza, brindan, beben; no olvidan.

Pues todos los años, desde ese día, acuden peregrinos desde lejos a rezar bajo la viga del albergue que, por la indulgente bondad de un sabio venerable donde los haya, no se transformó en serpiente.

EL TAPARRABOS

Alá a veces hace regalos. A aquel visir que amaba y era amado le había regalado un destino tan apacible como el lago que se extendía apacible a algunos pasos de su palacio ministerial. Su vida era una obra maestra. Bueno, casi. Su hijo practicaba una piedad exasperante, y eso le molestaba. En la misma medida en que el padre iba encantado tras el más mínimo encuentro placentero, el retoño encogía la nariz y rechazaba con cara de asco perfumes y deleites; se alimentaba de tortas secas, dormía junto a su lecho, se imponía raras penitencias y sólo vestía su cuerpo con un taparrabos que no ocultaba a la mirada de los curiosos más que una entrepierna adormecida. En una palabra, el joven era, para el amable visir, un grano de arena en su ojo.

Pues bien, sucedió que un día de verano, mientras contemplaban el jardín disfrutando de los higos nuevos, el sultán se preocupó por la falta de apetito de su visir y se limitó a decirle:

–¿Tu hijo?

–Por desgracia –contestó el otro.

Tras un largo silencio meditativo, el superior jerárquico dijo:

–Tengo una idea. Confíame a tu hijo un par de días y te lo devuelvo apto para que lo consuma la mejor perla de tu harén.

–¡Que Mahoma el Bienaventurado bendiga esas hermosas palabras! –respondió su compañero.

Al día siguiente dijo a su hijo:

–Ve, luz de mis ojos.

Y el joven fue invitado a la residencia real.

El sultán, con los brazos abiertos y una buena barriga, lo recibe como un tío satisfecho. El anfitrión charla abundantemente con estrategia sentimental y luego lanza, contento de sí mismo:

–¡A comer, hijo de mi amigo!

En el comedor hay cojines por doquier, mantel blanco, vajilla de oro, sirvientes y manjares exquisitos. Con las manos sobre el plato, el joven lo rechaza todo: asados, pasteles, bebidas traidoras.

–Un cuenco de arroz hervido –dice–. Eso será todo.

El sultán gruñe para su barba:

–Es duro de roer. Pero me haré con él.

Sonríe, o al menos lo intenta.

–Ven, entonces, a visitar mi harén.

Lo toma del brazo y se lo lleva. Los reciben desde el umbral unos perfumes penetrantes. Mujeres con velos transparentes (risas agudas y gritos de pajarillos) danzan a su alrededor y rozan su taparrabos. Él, torciendo el gesto, se sacude y no mira más que sus pies.

–¿Te gustaría que te dieran un masaje? –le ofrece su anfitrión, alentador (pero que ya empieza a cansarse)–. Sus ungüentos son afrodisíacos.

El otro se apresura a abandonar el paraíso, pasando a toda velocidad las cuentas de sus letanías anti-demonios. La sala de los tesoros que atraviesa parece hacerle tanto efecto como el tramo de una callejuela dudosa. Llegan ante la piscina de mármol donde el sultán, todas las mañanas, chapotea con su favorita antes del desayuno.

–Tomemos un baño –dice–. Necesito relajarme.

Tiene toda la pinta, en efecto.

–Con mucho gusto –responde el muchacho–. Las abluciones me están permitidas.

Se quita el taparrabos, lo dobla, lo deposita al borde del estanque y se aventura a acercarse al amo de los placeres que, acostado en las olitas, bebe a sorbitos un zumo de piña fresca. Creen que están tranquilos. Se equivocan.

Se oyen sirenas de alarma, estruendo, locas carreras de los sirvientes, de las mujeres, de los soldados de guardia. Arden las cocinas del palacio, el incendio devora por todos lados cortinas, tapices y muebles; se instala como en su casa. El sultán se queda en el agua tibia degustando su zumo de frutas. El fuego detesta las piscinas; por tanto, no va a arriesgarse a entrar allí. El ministro de los Imprevistos da las órdenes necesarias. Las llamas se cansan, el pánico se extingue. El sultán mira a su alrededor buscando al intratable, al puro, al asceta indeleble, al que se ha desprendido de todo, en una palabra, a su joven invitado. Lo descubre al borde del agua, temblando todavía de terror, apretando sobre su pecho su apreciada vestimenta familiar, su traje precioso como ninguno, su harapo, su taparrabos que se ha salvado del fuego.

El narrador se queda perplejo. No sabe por qué ese devoto ridículo se ha metido en su casa. Sin duda, tenía una gran necesidad de escuchar a Mahoma decirle:

> Tengo tres preferencias, hijo mío:
> El perfume, pues en él reside el secreto de las mujeres.
> Las mujeres, pues ellas conocen el secreto del amor.
> El amor, por último, porque es la única oración que vale de un extremo a otro del universo.

LAS SONÁMBULAS

La muchacha es sonámbula. Cada noche, una hora antes del alba, parece que se despierta, pero no: plácidamente dormida, se va a deambular. Retira el edredón, permanece un momento pensativa, sentada al borde de la cama; luego se pone una bata sobre su pijama de felpa y, sin agarrarse a la barandilla, baja derecha al huerto. ¿Y a quién encuentra allí, en camisón? A su madre en el mismo estado, con los ojos abiertos pero dormida, ordenando las herramientas del jardín, por tamaños, contra la pared.

La anciana la ve y refunfuña a lo lejos: «¿Qué hace ahí esa chica mala? Otra de sus tonterías que me tocará enmendar. O sea que nunca va a dejar de destruir mi pobre vida poco a poco. Yo también tenía sueños. ¡La muy ogresa los devoró! Una eternidad en la cárcel, preocupaciones entre semana y los días de fiesta: ¡eso es todo lo que me ha dejado! Haz esto, haz aquello, ¡y yo obedezco! ¡Mil y mil diablos! ¡Ojalá reviente!».

La hija, a algunos pasos, exclama: «¡Qué desdicha! ¿Qué se traerá entre manos esta mamarracha? Me vigila, lo noto muy bien. Le asusta mi libertad. Le gustaría que mi vida fuera como la suya, amargada, maledicente y egoísta. ¡Muérete, vieja, ya has vivido bastante! ¡Despeja de una vez mi horizonte!».

Llega la aurora. Canta un gallo a lo lejos. Las dos mujeres se despiertan por fin. Se frotan los ojos, se sonríen, se saludan.

–Niña mía –dice la madre–, entra, no vayas a coger frío.

Y su hija:

–¿Ya levantada? ¡Trabajas demasiado para tu edad! Debes cuidarte, te lo ha dicho el médico. ¡Ven, que te frote la espalda!

Agarradas del brazo, dando pasitos, entran las dos, y la vida prosigue su camino.

LA AUREOLA

Aquel año el invierno fue tan rudamente blanco que los vagabundos morían de pie como fantasmas de escarcha. Por caminos borrados por la nieve, sin más horizonte que el cielo gris, la tarde de uno de esos malos días un samurái sin lugar ni amo fue a llamar, medio muerto, a la puerta del monasterio donde en aquella época vivía Eisái el Bondadoso. Este recibió al extraviado en un rincón oscuro de la sala común. El hombre, en voz baja, le rogó que depositara alguna monedita en sus manos pobremente tendidas. Eisái se quedó sin habla. No tenía nada que darle, ni siquiera un céntimo en su manga. Su impotencia le hacía sufrir. Se desesperó, pero sólo un momento. Tuvo una buena idea que le iluminó el rostro de pronto con una sonrisa. Dijo al samurái:

–Sígueme.

Fueron los dos al templo. Había allí una estatua de un antiguo Buda, adornado con una aureola de oro. Eisái la arrancó y se la tendió al mendigo.

–Vete, deprisa –le dijo–. Véndela y arréglatelas para obtener por ella algo para que tu familia recupere las fuerzas.

Y, como el otro tardaba en irse por darle las gracias, apresuradamente añadió:

–Vienen. ¡Venga, no te retrases!

El hombre se embolsó su mercancía y, en un abrir y cerrar de ojos, se marchó.

Los monjes que acudieron se escandalizaron. El guardián de las santas estatuas gruñó, frunciendo el ceño:

–Maestro venerado, verdaderamente tu gesto nos nubla el entendimiento. ¿Amputarle su aureola al Buda de nuestra casa no constituye acaso un patente sacrilegio?

–Hermanos míos –respondió Eisái–, ¿creéis que el Bienaventurado habría vacilado un instante en cortarse la pierna derecha para socorrer a un desgraciado?

Formó a su alrededor un círculo de caras perplejas y añadió:

–Escuchadme, pues. Permitid que os cuente lo que hizo Tan el Patriarca. Un día glacial de invierno de antaño, echó a un Buda al fuego. «¡Ay de ti! ¿Qué has hecho, maestro insensato?», gimieron sus discípulos. «He quemado un trozo de madera». «¡Pero era el cuerpo del Perfecto!». «Yo no veo más que un montón de cenizas, y vosotros también. ¡No mintáis! ¡Hala, moveos, qué diablos!».

LA PASARELA

Feliz, un viajero va por su camino. Sale del bosque y se detiene ante un arroyo. ¿Podrá cruzar de un salto sus aguas embravecidas? Es demasiado ancho. Tiene su riesgo. Se gira y ve un viejo templo, en apariencia abandonado. El viajero se acerca en busca de algo que lo ayude a cruzar el torrente. Allí sólo encuentra a un monje sumido en la contemplación de una pintura de Buda estropeada por la humedad. El monje lo mira con indiferencia. El viajero repara en una estatua de madera de una altura interesante. La examina y reflexiona. Se trata de uno de los dioses guardianes del templo, pero al hombre no le preocupa. Se dice, satisfecho, que le servirá de pasarela para vadear el arroyo. Decidido, carga sobre el hombro la escultura sagrada, vacila por el peso hasta llegar al agua, la cruza de una orilla a la otra, pasa sin mojarse y se aleja rodeado de pájaros alegres.

El monje lo ha visto todo. Se indigna. Sale del templo con las manos levantadas e insulta al profanador. ¡Tratar a un dios como a una tabla! ¡Qué horror! Se araña las mejillas. Sudando y renegando, tira de la estatua y la arrastra hasta el templo, la coloca en su sitio, la frota, la limpia y la honra. Por último, le dice:

–Soy un hombre pacífico, lo sabes, Venerable. Pero ahora debemos actuar con rigor. Debes castigar a ese bribón. Hazle daño para que sufra y se arrastre a tus pies. Que entienda lo que cuesta humillar a un espíritu santo.

¿Esperaba una respuesta? Indudablemente no. Pero llegó. En efecto, mientras secaba el rostro de madera, escuchó las siguientes palabras:

–Ese hombre no cree en mí; por tanto, nada puedo contra él.

EL OSO Y EL DESCREÍDO

Aquel hombre era un soñador empedernido, además de un descreído con piel de cocodrilo. Dios rebotaba contra él como un guijarro contra el agua. Para él, el anciano del cielo no era más que un héroe de un cuento jovial. Pero no dejaba de venerar los prodigios de la naturaleza, tanto su insuperable grandeza como sus maravillas más menudas. En resumen, nuestra tierra era su madre indiscutiblemente querida; y nuestro creador, un padre que nunca estaba presente.

Pues bien, una mañana, cuando daba un paseo bajo los majestuosos árboles de un bosque virgen pero sabio donde él había plantado la víspera su tienda de campaña, mientras llenaba el corazón y el cuerpo de senderos entusiasmantes, oyó de pronto, entre los cantos de los pájaros, un gruñido destemplado. Se detuvo, olfateó las sombras y descubrió a no muchos pasos un oso de pie, que balanceaba los brazos con el espinazo bañado de sol y los colmillos goteando saliva. Con los pelos como escarpias y muerto de miedo, ¿sabe alguien realmente lo que uno dice en esos casos de íntimo huracán? El hombre acertó a pronunciar con un suspiro tembloroso estas palabras, desterradas del léxico de los librepensadores:

–Señor, ten piedad de mí.

Lo deslumbra un relámpago repentino. El tiempo suspende en el aire sus botas de siete leguas. Ni un gesto más. La imagen se congela. Silencio, Dios va a hablar. Una voz de bajo solista cae rodando desde las alturas azules:

–Me niegan mientras todo va bien, me matan, me consideran pasado de moda, se adhieren a las teorías de un incierto señor Darwin que ni siquiera es un profeta bíblico, ¡y basta con un oso algo hambriento en el sendero de un paseo para que supliquen al abuelito que haga de salvador supremo! Estos humanoides son todos iguales. Francamente, me cansáis.

–Confieso –responde el que está en apuros– que soy ateo porque es tradición en mi familia. Por tanto, no estoy disponible para una conversión exprés. Pero tengo una idea. Tú, que lo puedes todo, convierte a esta bestia aquí presente en un católico pacifista. El trato me parece honesto. Nadie pierde. Todos salimos ganando.

La voz celeste dice:

–¿Por qué no?

Los árboles, los pájaros, el tiempo, la brisa, el perfume de las moras: todo despertó a su alrededor. La vida recuperó su curso tranquilo. Bajo el follaje indiferente, el oso juntó sus patas delanteras, se inclinó sobre el hombre tirado en el suelo y murmuró, con los ojos entreabiertos:

–Señor, bendice estos alimentos.

¡BUEN PROVECHO!

Al borde del camino había una brizna de hierba. Un cordero que pasaba por allí le dijo:

–Adiós.

Y se la comió. Llegó un lobo, con la nariz al viento, gruñió:

–¡Qué cordero tan bonito!

Lo masticó. Gracias, vida. Apareció un oso en la orilla del bosque.

–Tengo hambre –dijo– y ¿quién viene por ahí? ¡El tío lobo!

Lo devoró. Se quedó dormido. Llegó un cazador.

–Un oso –dijo–. ¡Qué suerte tengo!

Lo mató, se lo llevó, abrió la puerta de su casa de una patada y lo tiró sobre el suelo delante de su mujer, que lo miró atónita.

La mujer le abrió la tripa al oso y salió el lobo; lo abrió también y encontró el cordero; lo destripó. Con la piel del oso hizo una alfombra, con la piel del lobo un grueso abrigo, del cordero tomó la lana, y arrojó fuera la brizna de hierba. En la estación siguiente esta echó raíces, creció, reverdeció. Llegó un cordero.

–Adiós –dijo.

Y se la comió. Llegó un lobo, con la nariz al viento.

EL MENDIGO

Cuentan que el rey Aktar, un día en que iba a cazar el antílope, perdió a su tropa por el camino. Cuando salía de entre los arbustos, exhausto, hambriento y furibundo, divisó en la orilla del bosque el techo humeante de una cabaña de campesinos. Se detuvo y echó pie a tierra. Un hombre apareció en el umbral.

–Bienvenido, viajero –dijo–. Quítate la ropa, ponte cómodo. Mi casa está muy orgullosa de acoger a un viandante que se ha perdido.

Aquel hombre nunca había visto a ningún rey vivo. Sin más ceremonia, le ofreció agua fresca, las pocas frutas que tenía y su sopa de pajaritos silvestres, como suelen hacer las buenas gentes cuando llega un invitado. El otro dio las gracias, bebió y devoró, y luego, mientras se alisaba su noble mostacho, le dijo a su atónito anfitrión:

–Yo soy Aktar, el Gran Mongol. Si un día necesitas ayuda, ven a verme. Estaré contento de ayudarte.

Sus hombres, finalmente, lo encontraron y él prosiguió su camino de rey.

Algunas estaciones después de ese día, el cielo se negó a llover. No había nada que beber salvo la saliva, nada que llevarse a los labios salvo recuerdos de cuscurros. «Aktar prometió que me ayudaría –se dijo una mañana el buen hombre–. Es sabido que los reyes lo pueden todo. Voy, por tanto, a rogarle que mande a las nubes que lluevan un poco sobre nosotros. Vamos, está decidido. Agarro el bastón y el morral y ¡a palacio!».

Tras un largo camino vio las murallas de Acra, los guardias con el sable desnudo a lo largo de las escaleras de la residencia real, pasillos interminables y, por fin, la puerta de una habitación que se abría en un rincón en penumbra. Un sirviente le abrió sin hacer ruido. El campesino franqueó el umbral, dio únicamente un paso y aguardó, con su viejo sombrero sobre el ombligo. Aktar rezaba, con la frente sobre la alfombra persa. Imploraba al Todopoderoso que le concediera sus favores. Cuando terminó la oración se irguió, vio a su amigo y avanzó hacia él como un hermano, sonriente y con los brazos abiertos. El otro, intimidado, reculó.

–Señor, perdonadme –le dijo–. ¿Qué hacíais aquí en este momento?

Aktar se sorprendió, pero sonrió:

–¿No lo has visto? Estaba rezando a Dios. Le pedía que me ayudara a superar todos los obstáculos que un rey debe remontar si quiere conservar su alma y su país en paz.

El visitante bajó la cabeza y respondió:

–Adiós, gran hombre. Permitid que me retire.

–Pero ¿por qué? –dijo Aktar–. Te ofrecí ayuda y aquí me tienes. ¿Y quieres volverte sin contarme siquiera tus penas?

El campesino, apacible y recto, contestó:

–Os he visto, rey, llamar a la puerta del Todopoderoso para pedirle limosna. Quizá yo tengo que hacer otro tanto, pues os he visto como un pobre corriente bajo vuestro admirable manto. Es cierto, necesito ayuda, pero pedir caridad a un mendigo, aunque sea de la realeza, no me parece conveniente. Nosotros dos somos semejantes. Por lo menos, yo lo he descubierto.

Saludó al rey, que se había quedado estupefacto, y se fue sin añadir palabra.

DIÓGENES

El 10 de agosto del año 323 antes de que llegara Jesucristo, hallaron muerto al filósofo Diógenes en el tonel donde había elegido vivir despreciando las leyes, los poderes, las riquezas y las convenciones, como puro cínico que era; pues, antes de denominar a un socarrón impertinente, este término designaba una escuela de pensadores importantes. Diógenes fue uno de ellos, el más famoso. Un día lo sorprendieron empuñando una linterna con la que escudriñaba aquí y allá bajo el sol de las callejuelas.

–Pero ¿qué haces, Diógenes?

–Busco un hombre –gruñó.

Disertó mucho de este modo, burlándose de la arrogancia de los fuertes y de la resignación de los débiles. Para resumir: murió en pleno verano y uno de sus discípulos dijo estas palabras a modo de despedida:

–Amigo, ¿de quién es esta tumba?

–De un perro llamado Diógenes.

–¿Ha muerto?

–Se ha ido a descansar entre las sombras, él que tan sólo poseyó en su vida un saco y un tonel. Pero no lo han querido recibir.

–Si no está allí, ¿dónde está?

–Allí donde la estrella del león brilla con mil resplandores. A partir de entonces hace de perro guardián por la noche, sobre nuestras cabezas, entre los astros.

VI
SUSCITAR LA TERNURA QUE CALIENTA LOS CORAZONES

Si empezara de nuevo a vivir,
trataría de hacer que mis sueños
fueran todavía más grandes,
porque la vida es infinitamente
más hermosa y más grande
de lo que yo creía aun en sueños.
(Georges Bernanos)

UNA MUJER Y UN TESORO

Entre ambos no llegaban a medio siglo. Eran guapos, por supuesto, pues el amor lo embellece todo, las miradas y los rostros, pero, decididamente, no eran felices. Cada uno de los dos lidiaba a solas con sus preocupaciones y temía que el otro se cansara de vivir con la inoportuna, escuálida y fea pobreza. No poseían más que un jardín seco, una higuera vieja delante de la puerta y un burro cansado de transportar haces de leña desde el bosque vecino hasta la casa de los monjes. Ellos se amaban, pero aparentemente el mundo no los amaba a ellos.

Pues bien, una noche, mientras ella dormía apoyada en el hombro de su marido, llegó un sueño a vagar por su lecho de harapos. Un hada vestida de luminosa bruma la llevaba de la mano, revoloteando aquí y allá, hasta el sauce que crecía a la orilla del riachuelo donde ella tendía la ropa. Y allí escuchó estas palabras:

–Cuando salga el sol ven a arrodillarte bajo este árbol y cava un hoyo en su sombra. Entonces encontrarás un cofre de oro. Si quieres, será tuyo, pero tendrás que pagar por él la vida del ser amado. Pobreza para dos, fortuna para una sola: escoge, mujer, y vive tu vida.

Se despertó atormentada. «Este sueño apesta a perfume podrido –se dijo–. No lo quiero en mi desván». Decidió desecharlo, pero el sueño permaneció apostado como un gato en un rincón oscuro de su cerebro. Olvidó (o rehusó) contárselo a su esposo. Puso a hervir su marmita para la sopa de hierbas silvestres y despidió con un beso a su marido cuando este salió arrastrándose lentamente en busca de leña. Mientras atizaba el fuego, se dijo: «Si yo fuera rica, ¿qué sería lo primero que compraría?». En el momento en que surgió la pregunta, ya fue demasiado tarde para desactivarla. La ahuyentó de un plumazo, avergonzada. Pensó: «De todas maneras, ese tesoro no es más que el viento de un sueño». Se creyó aliviada, pero no. Volvieron a hurtadillas sus antiguos temores ante el futuro, de los que nunca hablaba para no disgustar a su amado. «Él es tan frágil...», se dijo. Y, por primera vez, eso le molestó. Le vino fugazmente a la memoria un grandullón desconocido de anchas espaldas. Se llamó idiota y se encogió de hombros. Salió al jardín. El aire fresco le sentó bien. Tan sólo echó una breve mirada de reojo al sendero que conducía hasta el sauce...

El hada volvió dos noches más. Cuando se le apareció por tercera vez, ella soñó que no estaba soñando. Al oír las últimas palabras, se despertó. Dio vueltas y más vueltas, estuvo a punto de espabilar a su esposo. ¿Quería que lo acompañara? No obstante, abandonó su calor con cuidado de no hacer ni el menor ruido. «Voy a verificar que yo misma me he inventado esto», se dijo, testaruda, mientras se ponía las sandalias. Empuñó su cuchillo negro (que estaba sobre la mesa), atravesó el jardín todavía dormido y se alejó entre la niebla. Pronto divisó el sauce que surgía de la oscuridad, se acercó a él y se arrodilló. Todo estaba como de costumbre: el arroyo susurrante, las hierbas, ni un pájaro en el aire gris. Sin pensárselo dos veces, hundió la hoja del cuchillo en la tierra mojada. Entonces le entraron unas ganas de llorar que le cortaron la respiración, y en su corazón surgieron estas palabras frenéticas: «¡Ojalá no encuentre nada!». Vio en su cabeza a su hombre como un árbol sano –frágil, sin duda, pero vivo–, y el oro le pareció tan pobre, tan trasnochado, tan ridículo, que se le iluminaron los ojos y se echó a reír.

Regresó a casa. Su esposo la esperaba en el umbral, preocupado por su ausencia. Ella se arrojó entre sus brazos.

UNA BODA EN EL PAÍS DE LO ALTO

En tiempos pasados vivió en China un subprefecto llamado Sing Lan. A cien pasos de su residencia se alzaba una hermosa pagoda con una peonía de insuperable belleza. Cuando florecía en primavera, una multitud emocionada acudía al jardín del lugar sagrado donde reinaba esa flor perfecta. Nadie osaba tocarla. A su alrededor acariciaban el aire y se inclinaban con las manos juntas para agradecer que se hubiera dignado nacer en este mundo.

Pues bien, sucedió que uno de esos días, una agradable joven con las mejillas maquilladas de un blanco leve, quebró con un ligero vuelo de su manga un trocito de la reina peonía, a la que estaba admirando quizá demasiado cerca. Enfurecido, el bonzo guardián la agarró y la arrastró afuera con rudeza. El subprefecto Sing Lan, que deambulaba entre la multitud, intervino de inmediato. Suavizó los gruñidos, tranquilizó a la joven desconocida y, para complacer a ambos, ofreció como compensación de la ofensa entregar al monje, que aceptó encantado, su manto bordado de dragones. Un murmullo de admiración recorrió la asamblea ante el regalo del pacificador.

En verdad, aquel subprefecto no era un hombre corriente. Sentía una despreocupada afición por la música, el vino caliente, la poesía antigua y los paisajes solitarios, y en consecuencia descuidaba sus deberes administrativos. Durante un tiempo se burlaron en voz baja de sus caprichos, hasta que llegó el día inevitable en que su superior encendió tres purificadoras barritas de incienso ante su rostro curtido y pronunció estas desagradables palabras:

–Todos tus antepasados fueron poderosos dignatarios. ¡Qué avergonzados estarán si te ven desde las tierras celestiales!

Sing Lan respondió:

–¡Que el cielo los confunda! Los honores, los palacios y los usos de la corte le importan a mi vida tanto como una manzana caída del árbol. Pido permiso para volver a mi barca, que se balancea bajo los sauces del lago del Oeste.

Dicho esto, dejó en la mesa sus insignias de subprefecto, saludó a su atónito jefe, giró sobre sus talones y se marchó.

Una gruta en la ladera de la montaña pasó a ser su nueva casa. Desde la aurora, todas las mañanas, con la bota de vino al hombro y algunos libros bajo el brazo, iba a leer poemas a las hojas del bosque, a beber a la salud de los riachuelos y a contemplar bajo el sol naciente el vuelo inmóvil de las águilas. Pues bien, un día que vagaba por la orilla del lago, divisó a lo lejos, sobre las aguas resplandecientes, una nube de cinco colores. Se frotó los ojos, los volvió a abrir, resopló; la nube no desapareció. Entonces subió a su barca y fue remando al encuentro inesperado de aquel prodigio climático. Al acercarse vio que la nube escondía una montaña de paredes de esmeralda. Amarró allí mismo la barca, puso el pie en las rocas y avanzó. Ante su asombro, un acantilado cortado a pico se perdía en altas brumas. ¿Cómo iba a escalarlo? ¡Habría necesitado alas! Mientras pensaba esto, se abrió junto a él una cueva estrecha y tenebrosa. Cruzó el umbral a tientas y avanzó a ciegas. Sus sandalias pisaron una escalera cubierta de musgo. Ascendió durante largo rato en la oscuridad hasta que distinguió unas luces, después un trozo de cielo azul y, por fin, el sol apacible. Se detuvo, estupefacto, a la entrada de un jardín donde había un palacio que temblaba como un espejismo, edificios con balcones verdes, rosales bajo suaves brumas, quioscos donde jugaban unas muchachas. Dos de ellas se alegraron al ver acercarse a Sin Lang.

–¡Que viene el novio! –dijo una.

Y la otra exclamó animada, con voz aguda:

–¡Vamos a avisar a la familia!

Las dos fueron corriendo y riendo hasta el portón del palacio y regresaron casi de inmediato con su mensaje:

–¡La señora os aguarda!

Lo tomaron de las manos y lo llevaron hasta allí. Él, con los ojos como platos, cruzó el umbral.

En la penumbra vio un pasillo, una habitación adornada con colgaduras que parecía animada de vida y dos sofás de madera de sándalo. Un hada vestida de blanco, con nobles ademanes desconocidos en el mundo de abajo, lo invitó a tomar asiento.

–Soy la diosa de las vastas tierras de Occidente. Me llaman señora Nan –le dijo.

Con un guiño indicó a una joven sirvienta que apartara una cortina casi imperceptible en la oscuridad. Él reconoció inmediatamente a la que salió a la luz: era la hermosa doncella que antaño había roto, el día de la fiesta de las flores, un trocito de la reina peonía. La señora Nan la señaló:

–Esta es Li Yu, mi hija mayor. Tú borraste su falta. Tienes que saber que ni ella ni yo hemos olvidado aquella buena acción. En agradecimiento, ella desea ser tu esposa. Sabrá ofrecerte una felicidad desconocida en el mundo polvoriento.

Una dicha jamás experimentada invadió el sorprendido corazón de Sing Lan.

Al día siguiente acudieron al banquete nupcial hadas y diosas, algunas cabalgando sobre dragones llameantes, otras con vestidos vaporosos sobre carros de nubes, y otras en palanquines rojos rodeadas de músicos. Mientras degustaban vinos y pasteles, la diosa Nan dijo estas asombrosas palabras:

–Hace ya ochenta mil años que reino sobre estos dominios sin sentir un solo día la menor preocupación. Tú, señor Sing Lan, que vienes de ese océano polvoriento en el que a veces caen nuestras hijas, eres, en realidad, un pariente del cielo, y por eso no te extrañas de que existamos. Las estrellas albergan mundos que no pueden sospechar tus prefectos, las hadas nada tienen de leyenda, los dragones poseen mil países y los inmortales mil moradas. Tú siempre lo has sabido. En cuanto a tu esposa celestial, nunca la buscaste, por eso la has encontrado. La unión verdadera se concede, no es fruto de una conquista. Esta es la ley del cielo. Alégrate, tu matrimonio no va a decepcionar a tus sentidos.

Sing Lan asintió feliz. Juegos, danzas y cantos hicieron de la fiesta un poema, tan tierno y conmovedor como alegre.

Sing Lan conoció diez mil días de una felicidad perfecta. Después, una mañana vestida de brumas perezosas, mientras desde lo alto del acantilado contemplaba los sauces a la orilla del lago, lo invadió una traicionera melancolía que el tiempo no consiguió aliviar. Se preocupaba sin motivo, escribía poesías tristes y cada vez dormía peor. Su amada se alarmó.

–Mi felicidad se extingue –le dijo él–. Cuando pienso en mis viejos amigos, en mi barquichuela, en el pueblo que me vio nacer, mis suspiros se empapan de lágrimas. Desearía regresar a mi casa para hacer una breve visita a mis amigos de la orilla del lago.

Su esposa sollozó y contestó con voz temblorosa:

–¡Tu mundo es tan reducido! ¡Y la vida humana tan corta! Tienes que saber que aquí, mi querido esposo, el tiempo no pasa, sino reina. Donde antes conociste unos rostros vivientes, ahora no vas a encontrar más que polvo. Pero yo no puedo retenerte; aquí no existen prisiones, ¡todas las puertas están abiertas!

Le entregó un carro de color azul noche tirado por un dragón de fuego. Inmediatamente se encontró en su casa. No reconoció a nadie, ni las calles, ni las paredes, ni las caras con las que se cruzaba. A un anciano sentado a la sombra de un carro le dijo su nombre y esperó. El viejo respondió:

–¿Era antepasado tuyo? Mi abuelo hablaba a veces de un tal Sing Lan, que se ahogó en el lago un día claro, sin el menor viento, hará más de cien años.

Sing Lan, desolado, dio las gracias al hombre, tomó del suelo un manto agujereado, se puso un sombrero olvidado en un banco, emprendió el camino de la montaña y desapareció para siempre jamás.

DAR EN EL BLANCO

Acto primero: la plaza del gueto, a diez pasos de la sinagoga. Los hombres que reclutan soldados para el ejército del zar Nicolás, provistos de botas y cascos, arengan a la perpleja multitud. Hay banderas y redobles de tambores. Guste o no, llaman a filas, se llevan a todos los jóvenes del barrio e incluyen en el batiburrillo, qué más les da, a los pacifistas militantes de la facultad rabínica. La guerra está próxima y tienen que darse prisa.

Acto segundo: el campamento militar. Les entregan botas nuevas, un bonito uniforme y un fusil. Entrenan en el campo de tiro. Los oficiales se quedan sorprendidos y maravillados. Aquellos estudiantes son infalibles. Ninguno yerra el objetivo. Parece que el juego los apasiona. Están contentos, y sus jefes también.

Acto tercero: el asalto decisivo. Aparece el enemigo teutón. Se oye un estruendo lejano de tormenta. La horda irrumpe y se acerca. Enfrente, atentos y en silencio, están los estudiantes tiradores de élite. Los oficiales aúllan de pronto, con el sable en alto:

–¡Gloria a Dios! ¡Fuego a discreción!

No se escucha el menor disparo de fusil. Algunos murmullos en las filas, algunas tosecillas, y nada más. Los jefes enloquecen de pronto y chillan:

–¡Pero tirad, pasmarotes! ¿Os lo tenemos que decir en yidis?

De nuevo se hace el silencio en las filas, luego se eleva una voz en el aire, la de un estudiante de barba incipiente que parece no entender nada de esas órdenes irracionales y dice con toda claridad esa evidencia que nadie podría rebatir:

–¿Es que no veis, señores míos, esa multitud de jinetes que acuden a nuestro encuentro? Si disparamos, daos cuenta, ¡nos arriesgamos a herirlos!

HAKUIN Y EL NIÑO

El maestro Hakuin era uno de esos hombres que en todas las circunstancias poseen la tranquila bondad que a menudo llamamos sabiduría.

Sus discípulos apreciaban su silencio, y los aldeanos su presencia cuando acudía al mercado, presencia que los volvía un poco mejores.

Su lugar de retiro era una cabaña plantada a la orilla del bosque que escalaba la ladera, por encima de las casas que se apretujaban al borde del río.

Todo iba como va la vida cuando sestea el dios del tiempo. Pero, a veces, surge lo imprevisto, igual que sale un diablillo de su caja. Sucedió, pues, que una tarde como otra cualquiera la lenta música de los días empezó de pronto a desafinar.

Ocurre en una familia. Aquella tarde una muchacha confiesa a su consternado padre que lleva un hijo en su vientre. El hombre se queda primero atónito y luego horrorizado. Quiere saberlo todo.

–¿Quién te lo ha hecho? ¡Dime, zorra!

Y cita varios nombres al tuntún. La joven los niega uno a uno con la cabeza. Restalla una bofetada, acompañada de juramentos. La esposa llora en un rincón. Su marido grita que la vergüenza ha entrado en la casa y ya no se irá, que no les queda más remedio que mudarse a una aldea abandonada. Su hija, finalmente, balbucea entre sollozos:

–El maestro Hakuin.

El padre permanece un instante boquiabierto, luego se suena la nariz con los dedos y corre al eremitorio. Llueven insultos, acusaciones feroces, escupitajos, amenazas y un ultimátum:

–En mi casa no va a haber un bastardo. ¡Tú lo has hecho y tú lo criarás!

–Está bien –responde Hakuin.

Nada más. El padre da una patada al fuego donde se asan unas verduras y vuelve a sus ocupaciones.

Al día siguiente todo el pueblo está al corriente, por supuesto. Con cara de asco, maldicen al sabio. Sus discípulos hacen el petate y desaparecen bajo los árboles.

El niño nace en el borde de una cama. Lo envuelven a toda prisa y lo depositan sobre las rodillas de Hakuin. Él le da de comer, lo acuna, le canta canciones, le enseña a andar y a reír, hace todo lo que debe hacer un buen padre. Su madre intenta olvidarlo, pero no lo consigue. Cada vez se siente peor, hasta que un día ya no puede más y confiesa que en realidad el bebé es hijo de un comerciante de lonas que tiene su tienda al lado del puente. Entonces suben a la casa del ermitaño y lo encuentran sentado en la hierba jugando con el pequeñín. Admiten el error y piden perdón.

–Está bien –responde Hakuin.

Nada más. Y entrega el niño a su madre.

EL CANTOR DE LA VIDA

Érase una triste vez un rey, una reina y una pena: la de no tener hijos. El rey parecía llevar sobre sus encorvados hombros una carga tan pesada como la de un estibador. La reina pasaba los días empapando en lágrimas sus pañuelos. Un día, quiso Dios que una lágrima de sangre le cayera entre los senos. Pasaron tres estaciones enteras. Entonces recibieron un heredero. El rey abrió los brazos al mundo y su alegría inundó los corredores, los salones y el cielo de las ventanas. Después terminó en gemidos: su hijo había nacido ciego. Los médicos no pudieron hacer nada.

La reina olvidó sus penas y tomó a su hijo tal como era. En adelante vivió por entero para él, velaba su cuna, colocada justo al lado de su cama, le tarareaba canciones tiernas y con su índice le dibujaba en la comisura de los labios sonrisas, balbuceos y arrullos. El rey, en cambio, se encerró en su gabinete a cal y canto. Se negó a ver a ese simulacro de heredero que nunca podría sentarse en el trono de su familia. ¡Un rey ciego! ¡Qué aberración! Por supuesto que pensaba en él, pero con tanta saña, rabia y odio, que un día de tormenta convocó al sofá de su despacho al súbdito que se encargaba del trabajo sucio, que –cosa rara– era un hombre muy corriente.

–Toma al ciego –le dijo– y deshazte de él lejos de aquí. Y no lo cuentes. Yo no quiero saber nada.

El malvado esperó a que la reina se encerrara en su cuarto de baño y, a toda prisa, vació la cuna, corrió a abandonar al bebé entre unos matorrales y regresó a la ciudad, por la que deambulaba sin ninguna preocupación aparente. En el palacio se produjo una debacle muda. El rey, evidentemente, permaneció callado; su mujer perdió la palabra y la fe en Dios.

Ella se equivocaba. Su hijo vivió, amado por los animales y las brisas susurrantes. Lo alimentaron, lo mimaron y lo instruyeron. Una zorra le dio de mamar. Cayeron en su boca frutas compasivas. Los lobos y los pájaros le enseñaron sus cantos; las hojas y los vientos, su lenguaje secreto; las estaciones, su confianza infinita. Creció y se convirtió en un hombre apuesto. Un día escuchó los rumores de una aldea al borde de un torrente de montaña. Se aventuró a acercarse y, en la plaza, rodeado de gente fascinada, su voz se elevó en el aire en calma.

Cantó y todos guardaron silencio, los corazones bloqueados se abrieron, rodaron lágrimas por las mejillas, y los que eran duros de pelar se descubrieron con asombro enamorados. El ciego no tenía nombre. Fue, por tanto, el cantor de la vida –como lo llamaron las mujeres, que guiaban sus pasos indecisos–. Vivió algún tiempo entre caminos y posadas, haciendo feliz a la gente. Su fama llegó al palacio. El rey se dijo que tal vez aquel joven ayudaría a la reina a recuperar una pizca de alegría. Ante la madre, cabizbaja, el hijo cantó como nunca. Nunca había penetrado tan lejos en su propio corazón. Nunca había expresado las bellezas de este mundo con una fuerza tan convincente. Nunca habían sido su canto ni su voz de un oro tan tiernamente puro. Y, sin embargo, su madre, impasible, siguió mirando al suelo.

Entonces, sin esperar nada ya, canturreó una melodía de la infancia, una canción casi olvidada, una nana. La reina, reanimada de pronto, se irguió y, radiante, abrazó a su hijo, su milagro. Al rey, que no entendía nada de aquella maravilla, le dijo el ciego:

–Mi madre me cantaba esta canción para dormirme cuando yo estaba todavía en la cuna.

Se acabaron las penas, se abrieron los postigos y el sol entró en la habitación. La reina pasó a ser únicamente una madre. El viejo rey coronó a su hijo y se marchó solo a enterrarse en un monasterio desierto.

El cuento se calla y escucha, en la fuente de la música, a aquella que canta sin fin su canción de cuna.

EL CORAZÓN DE LA MADRE

Dicen que en el corazón de una madre viven juntas una esclava de dolores serenos, una reina de preocupaciones dichosas y el dios de los dioses de este mundo. Aquella mujer tenía un hijo. Él creció y se casó. Resultó que los recién casados iban a vivir con ella. Y llegó el gran día.

La novia, florecida con pétalos volanderos, entra en su nueva vida. Su esposo la recibe orgulloso. Ella saborea el placer inédito de ser la señora de la casa. Todo está bien. Pasa una semana como la arena entre los dedos. Una mañana gris su humor decae.

–¿Te preocupa algo, mujer? –pregunta el esposo.

La esposa suspira:

–Tu madre.

Permanece callada un momento y luego añade, con cara avinagrada:

–Ella al menos vive a sus anchas. Me parece muy bien, si eso es lo que deseas. Me limito a indicarte que ella ocupa la alcoba grande, y nosotros la mal iluminada. ¿Para qué quiere ella ese espacio donde podrían jugar nuestros hijos si nuestras noches fueran menos tranquilas? Para nada. Sólo necesita un rincón donde hacer sus labores. Lo lógico, creo yo, sería que ella se instalara en nuestra habitación y nosotros en la suya. Pero tú decides.

El esposo menea la cabeza que, de pronto, le pesa mucho. Y contesta:

–Hablaré con ella.

Esa misma tarde, bajo el naranjo donde la anciana disfruta de la paz entre los prolongados gritos de las golondrinas, su hijo se sienta a su lado. Apenas se enreda en una frase que no sabe cómo terminar, ella le responde, muy risueña:

–No te preocupes, hijo mío. Lo importante es que estés bien y que tu mujer esté contenta. ¿Qué voy a hacer yo, una pobre mujer, en una alcoba de paredes tan lejanas? Quedaos con ella, a mí me irá muy bien en la otra. Está decidido. No hay más que hablar.

Tras diez días ventosos, la esposa vuelve de tender la ropa y comenta:

–De verdad que no quiero meter cizaña, pero el hecho es que esta casa funciona mal de arriba abajo. Vaya yo a lavar tus camisas o vuelva del jardín con mi cesto de nabos, tu madre me pisa los talones, ocupada en barrer donde todo está limpio. ¡Es insoportable! Deberías alojarla... qué sé yo... en la cabaña donde guardas las herramientas. Estará cerca de las vecinas, tendrá compañía y podrá chismorrear de la mañana a la noche. Créeme, es una buena idea que contentará a todo el mundo.

Su marido le planta cara (pero no por mucho tiempo):

–¡No voy a echar a mi madre de la casa donde me dio a luz!

Con una mueca de desprecio, su mujer le responde con sequedad:

–Sé valiente por una vez. Pídele ahora mismo que se mude donde te he dicho. Apuesto a que estará de acuerdo.

Su hombre contesta:

–No querrá jamás.

Bajo el naranjo, al atardecer, la anciana madre le dirige una de esas miradas indulgentes que perdonan todo a los hijos, y dice:

–Comprendo a tu esposa. Yo la estorbo. ¡Ella es tan vivaracha! Quiere tener a su marido sólo para ella. ¿Cómo se lo voy a reprochar? Venga, no pongas esa cara. La cabaña me bastará. Tú vendrás a visitarme y tendremos tiempo para nosotros dos. ¡No podría soñar nada mejor!

Un día de verano, en el jardín, la esposa palpa sus tomates con los dedos nerviosos y la cabeza en otro sitio:

–Escucha cómo parlotea. ¿Qué cuenta a las vecinas? Algo malo de nosotros, estoy segura. ¿Y qué va a hacer la gente? Cotillear, como de costumbre. ¡Y tú aquí parado, pensando en las musarañas! ¡Verdaderamente me desesperas!

–¿Qué puedo hacer yo?

–¡Reaccionar! Que se vaya a vivir a otra parte, a otro pueblo. Llévala de la mano ¡y que le vaya bien!

Al día siguiente:

–Hace un día muy bonito, hijo mío, ¡vámonos de viaje juntos! Me parece que llevo demasiado tiempo pudriéndome en esta casa. Alégrate, que me das gusto.

Pronto van de camino, el hombre a pie y su madre en el burro. Atraviesan el suburbio ruidoso, el sol, el polvo y las carreras de los chiquillos, y llegan por fin a la ciudad. Allí vive un primo rico, que aloja a la anciana exiliada. Su hijo la abraza. Ella llora un poco. Él se vuelve a su pueblo.

Delante de su puerta se cruza con un anciano que huele a tierra mojada. Es el médico del pueblo.

–Tu mujer está enferma –le dice.

Y se aleja sin decir más. El marido, repentinamente cubierto de sudor, corre a la cabecera de su esposa. Ella está pálida y le dice, temblorosa:

–Me muero. Adiós, querido.

El hombre se niega a creerla. Gime y ruega al techo que se entreabra, pronto, pronto, para dejar entrar a un ángel sanador. Su mujer chilla:

–Por desgracia, esposo mío, sólo hay un remedio que podría devolverles el calor a mis mejillas... Pero no me atrevo a nombrarlo...

–Habla, dime, ¿tengo que ir a rezarle a Dios a la santa Meca, o al desierto?

–Bastaría con que me dieras de comer el corazón de tu madre. Pero no, ¡eso es mucho pedir!

–¿El corazón de mi madre? ¡Qué barbaridad!

–No quieres. Ya lo sabía yo...

El hombre se pone el abrigo y corre, sin aliento, a la ciudad. La anciana lo recibe con los brazos abiertos.

–Ven aquí, luz de mis ojos, que te bese y te bendiga. ¡No esperaba que vinieras hoy!

Ella lo estrecha contra su pecho. Él la mata de una cuchillada, le arranca a toda prisa el corazón, lo envuelve en un trapo y se lo lleva a su casa sin mirar ni a derecha ni a izquierda. A la puerta de la alcoba tropieza, cae de rodillas y su carga, aún caliente, escapa de sus manos enloquecidas. Se reincorpora gimiendo. Entonces del corazón caído le llega, preocupada y tierna, una voz familiar que dice:

–¿Te has hecho daño, hijo mío?

LA ORACIÓN DEL PASTOR

Un buen día Moisés, mientras vagaba, pensativo, bajo el cielo del desierto, se encontró con un pastor a la sombra de una roca. Estaba de rodillas, con las manos cruzadas bajo la barbilla, y rezaba en voz baja con un fervor conmovedor. Decía:

–Señor, te lo ruego, permíteme barrer delante de tu puerta, quitar el polvo a tus muebles y regar tus lilas. Y por la noche, cuando estés acostado, permíteme remendar tu ropa desgastada. Seré discreto, Señor, ¡no te molestaré!

–Bla, bla, bla –gruñó Moisés, con cara seria–. ¡Qué ingenuo y qué raro eres! Eleva un poco tu alma por encima de esas bajas tareas. ¿Cómo quieres que Dios te oiga? ¡Reza más hacia lo alto, hombre, más hacia lo alto!

Y tiene que doblar el espinazo, porque, de pronto, la Voz majestuosa cae sobre él (precisamente) desde lo alto.

–¿Por qué te metes, Moisés? Se pasan el tiempo pidiéndome todo y nunca me ofrecen nada. Ahora resulta que llega un amigo a proponerme un verdadero servicio ¿y tú quieres desanimarlo? Vete, grandullón, y déjanos. Sigue hablando, pastor, por favor, que me alegras el día.

EL MAESTRO DE LA BONDAD

Ramanuja fue en la India el hombre más lleno de amor que se pueda imaginar. Todo lo que tenía lo daba. Cuentan que un día de su magra juventud en que partió a buscar la Verdad –que él imaginaba como un fruto que quitaría la sed para siempre–, a la húmeda sombra de un viejo templo, encontró a un santo brahmán que parecía esperarlo sólo a él. Ramanuja se sentó bajo su mirada tranquila. El hombre lo instruyó con paciencia y luego le entregó un mantra.

–Tiene una gran fuerza –murmuró a su oído, tapándose la boca con la mano–. Di sin cesar estas palabras sagradas en el silencio de tu corazón y, sobre todo, no hables de ellas a nadie. Si sabes guardar el secreto, él te curará de la pena, de la ignorancia y del miedo.

Ramanuja, sorprendido, le preguntó:

–Hombre santo, ¿por qué no puedo decirlo en voz alta, delante de la gente?

–Porque todos los que tuvieran la suerte de escucharte alcanzarían la liberación en ese mismo momento, pero tú no obtendrías provecho, te quedarías solo en el mundo con tu sufrimiento sin esperanza.

Ramanuja bajó la cabeza, reflexionó un breve instante y luego corrió a la entrada del templo y congregó al pueblo, asombrado de antemano:

–¡Acercaos todos! Conozco un mantra infalible. ¡Escuchadlo, repetidlo, colgadlo del hilo de vuestros días indecisos! A poco que sepáis guardarlo para vosotros solos, él os salvará de la desgracia.

Dijo al viento las palabras sagradas. Su maestro llegó corriendo y le tapó la boca con las dos manos.

–¿Te has vuelto loco, hijo mío?

Ramanuja le respondió:

–Vamos, hombre, déjame. No me importa vivir mil vidas de dolores y de soledad si todos estos seres se salvan.

Eso dijo. Y reanudó su camino sin preocuparse más del mundo ni de los obstáculos de la vida.

LOS «JIZO» CON SOMBREROS DE PAJA

Había una vez una pobre casa donde, bajo su techo agujereado, moraban un viejo y una vieja. Vivían de vender los sombreros de paja que confeccionaban con sus dedos grises. El día que nació esta historia era el último del año. Hacía frío, nevaba con gruesos copos lentos, tenían hambre. En la casa de rincones oscuros no había ni la menor cola de ratón, ni el menor trozo de queso.

–No te preocupes, mujer –dijo el esposo–. Nos quedan cinco sombreros nuevos. Voy a venderlos al pueblo y te prometo para esta noche un gran bol de arroz al azafrán.

Se besaron con ternura en la boca. Luego, él se adentró en la gran blancura.

En el mercado no había ni un perro. Nadie. El anciano llamó a varias puertas. No vio más que pedazos de narices y de bocas que se movían de derecha a izquierda diciendo «no» a sus sombreros. Con el corazón tan helado como la punta de sus pies, emprendió el regreso.

De camino, divisó seis tristes estatuillas alineadas sobre la hierba del borde del sendero. Eran *jizo*, dioses de los viajeros y protectores de los niños pobres. Se llenó de asombro, pues nunca los había visto. Se diría que habían llegado allí sólo para él. El viejo exclamó:

–¡Qué pena me dan! Si no fueran de piedra, ¡cuánto les costaría sobrevivir entre nosotros!

Y sintió la feliz compasión que a veces experimentamos por un objeto inanimado que parece pedirnos ayuda. Se puso de cuclillas junto a ellos, sacudió la nieve que les cubría la frente, desempaquetó sus cinco sombreros y los puso sobre cinco de aquellas cabezas redondas. El sexto *jizo* se quedó con la testa desnuda. Entonces el anciano le dijo:

–Espera.

Se quitó su propio sombrero, lo puso donde faltaba y volvió a su casa con las manos vacías. Su mujer escuchó su relato con una sonrisa amorosa y después, como no tenían nada para comer, apagaron la vela.

Al día siguiente, el primero del año, los despertó de pronto un bullicio tan alegre fuera, en el camino nevado, que la esposa y su marido salieron a la puerta. ¿Y qué vieron? A los seis *jizo* cubiertos con sus sombreros de paja bajo un sol radiante. Empujaban y tiraban de una carreta desbordante de regalos y vituallas, de golosinas y sake, y su voz alborozada cantaba, mientras depositaban sus presentes de amistad en el umbral:

> Hemos bajado a la tierra
> con nuestros trajes de piedra.
> ¿Quién nos ha dado la vida?
> ¡Un anciano más pobre que nosotros!

–Entrad, entrad –los invitó la vieja–. Pasad a calentaros los huesos.

Pero no, ya se iban, y sus risas también, y sus voces. Cuando desaparecieron, su canción permaneció un instante suspendida en el silencio de la nieve, y luego la anciana dijo a su marido:

–Estos *jizo* son unos buenos vecinos.

El viejo la estrechó entre sus brazos. Se quedaron unos instantes contemplando a lo lejos el punto donde la tierra y el cielo entran en lo invisible. Luego se sonrieron sin decir palabra y entraron con sus regalos.

Vivieron un bonito día de Año Nuevo.

OSHIN

Thoros el orgulloso, rey de Armenia, era tan colérico como sensible, a veces alegre y a veces violento. Le gustaban las armas y las mujeres de piernas largas y senos menudos. Pero lo que ocupaba el lugar más elevado de su corazón era Oshin, su caballo negro. Su pelaje era semejante a una noche sin estrellas cruzada por resplandores de fuego, su velocidad impulsaba el viento, y el que se encontraba con su mirada sentía vértigo por lo noble y profunda que era. Thoros había construido para él en el jardín de su palacio un establo de oro y madera. Había encargado su exclusivo cuidado a un viejo maestro palafrenero nacido entre los caballos salvajes y familiarizado desde la infancia con el lenguaje de los animales. Todas las mañanas, en cuanto se levantaba, exigía que le diera noticias del caballo. Y le amenazaba lleno de preocupación.

–Buen hombre –decía–, ¿está contento Oshin? Dímelo claramente y alégrame; si no, mi sable silbará entre tu cabeza y tus hombros.

Su sirviente le contestaba:

–Le brillan los ojos, piafa, te espera.

Thoros aprobaba riendo, enfilaba sus guantes de caza, se apretaba el cinturón y se iba, con paso vivo, a reunirse con su maravilla negra bajo el sol de su jardín.

El buen tiempo brilló sobre el alma del rey tres años y diez meses. Llegó un día en que encontraron al más bello purasangre exánime sobre su lecho de paja. El palafrenero, al enterarse, salió inmediatamente de la historia y desapareció en el bosque. Los ministros, consternados, temblaban dentro de sus hermosas vestiduras. Se reunieron en secreto y, en cuanto cerraron la puerta, plantearon la cuestión que ocupaba sus cráneos. ¿Quién se sentía con el suficiente valor como para llevar la sombría noticia hasta la mirada afilada del rey, a riesgo de volver con la cabeza bajo el brazo? Todos miraban al suelo o al cielo gris por la ventana. Tras varios retazos de frases deshilvanadas, uno de ellos aventuró por fin un nombre:

–Barbad.

Era el músico preferido de Thoros. El arte de este hombre solitario era tan conmovedor y sutil que su maestro le permitía, por un favor excepcional, tocar su laúd cuando lo deseaba, en todo momento, en cualquier lugar, por el día en la sala del trono entre los cortesanos silenciosos, por la tarde para suscitar y alentar los sueños, por la noche al borde de un lecho de amor, y por la mañana para ayudar al cielo a iluminar los corazones nublados.

–Tú eres el único, Barbad, el único en el mundo que puede anunciarle esta desgracia sin que su sable te responda. Ve, gran hombre, y sálvanos la vida.

Barbad no les contestó nada. Volvió a su habitación, cerró la puerta, bajó las persianas y esperó el final del día. Entonces se puso a tocar.

Thoros estaba en su salón acariciando a su favorita cuando oyó a lo lejos, apenas perceptible, el canto del excelente músico. Sus manos cesaron de danzar sobre los senos desnudos de su compañera. Escuchó, esbozó una sonrisa y dijo en voz baja:

–Barbad.

Nadie más sabía conmover más tiernamente su corazón. Pero, ¿por qué se mantenía tan alejado de él? Y ¿por qué tocaba de esa manera? Sintió deseos de verle acompañar sus juegos amorosos, pero no, su canto era extraño, demasiado melancólico, demasiado puro. De pronto se volvió desgarrador. «Amigo mío –pensó el rey–, ¿qué pena, qué desgracia te aflige?». Olvidó el sofá y el cuerpo de su amada y se puso a atender con tanta atención que dejó de ver las cortinas, las lámparas, el humo del incienso, el aire sombrío, las puertas altísimas. La música corría por los pasillos oscuros; se acercaba, llegaba hasta él.

Él la esperó, totalmente petrificado por una emoción indecible rebosante de amor, de abandono, de una pena invencible en el desierto del mundo.

Barbad entró, dio un solo paso, encorvado sobre las cuerdas del laúd, que parecían tocar por sí solas. El rey se acercó llorando y murmuró:

–¿Ha muerto Oshin?

Barbad no le contestó. Se irguió cuan alto era y los dos hombres se abrazaron, de pie en el umbral, infinitamente.

EL MALABARISTA

Saltimbanqui: le gustaba esa palabra que daba saltos en las ferias al albur de una canción. Toda su vida, mal que bien, de cabriolas en malabares, de tamboriles en juegos de magia, había burlado a la miseria, que trotaba sin cesar tras él, a base de fiestas aldeanas y cubas de vino nuevo. No sabía hacer otra cosa que alegrar la mirada de la gente, sorprenderla y divertirla. Pero un domingo por la tarde sus hombros y su viejo espinazo le dijeron que ya no podían más.

El hombre, aquella noche, había podido alojarse en un monasterio que acogía a los que arrastraban sus pies desnudos en este mundo de caminos demasiado rudos. Por la mañana, cuando se marchaba encorvado y cabizbajo, el monje portero le dijo:

–Tienes pinta de estar molido. Si te va bien tu lecho de paja, quédate algunos días con nosotros, el tiempo que necesites para convencer a tus piernas de que te lleven al paraíso.

–Gracias, hermano.

Allí se quedó.

No era de esos que se atiborran gratis de pan tierno y de sopa de col. Quiso, pues, ser útil y ofreció sus manos a los monjes. Le encomendaron que limpiara, que fregara el suelo, que se ocupara del jardín y que, todas las mañanas, pusiera en la capilla un ramo nuevo de flores silvestres a los pies de la Virgen María. ¿La admiraba él? No, la amaba. Nuestra Señora y su pequeño, ahí, sobre su seno: ¡qué maravilla! Al contemplar su velo de un azul algo descolorido, su perpetua sonrisa y a su bebé de mejillas redondeadas, a veces le caía una lágrima por el rabillo del ojo. Lo que más le habría gustado en el mundo era hacer algo por ella. Los monjes le cantaban todos los días unos cantos nobles que llenaban soberbiamente la sombra apacible del lugar santo, pero él, ¿qué tenía que ofrecer? Volteretas de equilibrista, juegos de magia, antiguas danzas sobre las manos. Nada valioso. Y, sin embargo, un día se le ocurrió la idea de que sus trucos divertirían al niño, quizá, y distraerían a la madre, que nunca salía, la pobrecilla, a pasear por el jardín. Entonces tomó sus aros y sus bastones, despertó a sus piernas oxidadas, dio tres saltos peligrosos y se cayó sobre las baldosas; quiso hacer malabares, perdió sus bolas y dio tres pasos de danza de payaso.

En ese momento entró un monje en la capilla y se detuvo en el umbral, con los ojos desorbitados y la boca tartamudeante. ¡Payasadas delante de la estatua de la Virgen! ¡Qué horror, qué blasfemia, qué sacrilegio! Salió corriendo a ver al abad y le contó farfullando el suceso. Acudieron los dos y se quedaron callados, boquiabiertos, sin moverse. El niño santo reía, su alegría llenaba la sombra, y su madre enjugaba con un borde del velo azul la frente sudorosa del saltimbanqui, que saludaba como hacía en los tiempos de las reuniones felices.

EL GATO

Lyo Kan era uno de esos raros seres que en una brizna de paja saben descubrir una estrella oculta. Era chino, pintor, y demasiado modesto para imaginarse en otro lugar distinto de su casa baja, donde reinaba Mi Sun, su vieja sirvienta. Era todo lo feliz que se puede ser cuando fuera nieva y da gusto estar dentro.

Llega un día de invierno más frío que el anterior. Mi Sun echa al fuego dos troncos húmedos y corre canturreando a la despensa. Allí encuentra únicamente un escuálido ratón. Suspira y dice:

–¡Bah! No tengo hambre.

Sonríe apenada al amo de la casa. Él hurga en las mangas de su viejo traje y se le alegran los ojos. Descubre en el fondo tres céntimos olvidados. Los hace tintinear en el hueco de la mano y dice:

–Ve al mercado, buena mujer, compra arroz y vuelve enseguida a poner la mesa.

Y allá va ella, envuelta en su abrigo.

En el tiempo que emplea el fuego para prender, ya está de vuelta, con cara de felicidad. Se abre a medias el traje nevado y dice:

–Mira, amo.

¿Un bol de arroz frito entre sus pesados senos? No, un hocico gris, dos orejas erguidas y dos ojos redondos: un gato.

–Lo he cambiado por tus dos céntimos con un chiquillo guapo hasta decir basta.

Besa la frente caliente del gatito y añade:

–He sentido que me llamaba. Traerá suerte a nuestra casa.

–Con que cace las ratas me basta –contesta Lyo Kan.

Ese mismo día por la tarde llaman a la puerta. Llega un monje del convento cercano. Con la espalda encorvada y la linterna en alto pide al amo que le conceda un poco de conversación. Lyo Kan se inclina y le hace sentarse.

–El sacerdote principal Yu –dice el hombre–, que lo gobierna todo en nuestro convento, en una palabra, nuestro patrón, te ruega con insistencia que adornes nuestro templo con un gigante Buda yacente, al que velaron humildemente el día de su muerte –según afirman nuestros ancianos sagrados– los enviados del pueblo animal que acudieron alrededor de su cuerpo celeste.

El gato ronronea dulcemente junto al fuego. Lyo Kan le sopla y le brillan los ojos:

–¿De veras vas a ser mi amuleto de la suerte?

Promete al monje el cuadro más enternecedor de cuantos se han entregado a todos los templos del mundo, lo acompaña a la puerta, lo saluda tres veces y vuelve dentro a abrazar a Mi Sun.

Pasan largos días exaltados, noches pobladas de imágenes y de ideas de colores. Lyo Kan trabaja. Su gato, junto a él, mira sin rechistar con sus ojos redondos cómo va tomando forma la obra. Parece esperar, dentro de la multitud de los animales pintados, al lado del lobo, del toro, del águila o de la hormiga, un nuevo rostro que tarda en llegar. Su amo se conmueve al verlo así y le dice:

–Perdón, hermano, no puedo pintarte, ¡y tú sabes por qué!

Los libros antiguos dicen que el día que murió Buda hubo un único animal que no acudió junto a él: el gato, el rebelde, el ladino altanero. Por eso fue expulsado para siempre de la presencia del Ser perfecto. «Y, sin embargo, aquí está –piensa el hombre sencillo–, su silencio es elocuente, él espera y reza». La razón dice «no», el corazón responde: «Atrévete». Lyo Kan se decide:

–Peor para la ley.

Y al acabar el cuadro pinta en una esquina un hocico puntiagudo, dos orejas erguidas y dos ojos asombrados. El gato se descubre y se emociona mucho, tanto que cae muerto. ¡Santo cielo!

Llega el día memorable. En el templo adornado de flores blancas se va a descubrir la pintura. Los invitados, personas distinguidas de ropajes susurrantes y monjes bulliciosos, todos juntan las manos, extasiados ante la obra maestra, y murmuran su felicidad embobados. Sólo Yu, el sacerdote principal, frunce el ceño. Tuerce la boca, se pone rígido y su índice extendido señala en la sombra a ese al que está prohibido amar, al proscrito: al gato. Estalla de rabia y exige enérgicamente que la obra mancillada sea mañana mismo, al alba, reducida a cenizas. Lyo Kan, destrozado, regresa a su casa. Junto al fuego apagado llora su sirvienta. La noche se eterniza y la lluvia también.

Por fin amanece. El convento se despierta. El templo está desierto. Llega un monje a abrir las ventanas y su mirada vivaz acaricia, en la tela pintada, a los mil animales de la Creación. Allí están todos y, sin embargo, el monje, extrañado, ve que el maldito ya no está en su esquina oscura. Ahora Buda sonríe con los ojos cerrados. Los animales no le miran a él; ven que sobre su corazón, en el hueco de las manos, sostiene a un gatito gris.

LAS OCAS SALVAJES

Todo se va, todo pasa menos el amor, más poderoso que los reyes del mundo, más indefenso que un niño desnudo.

Esta historia, hoy lejana, la vivió un samurái pobre como una mañana de invierno. En su casa aislada, su querida esposa esperaba la llegada de un hijo. Mientras soñaba con su pequeño, un día de lluvia otoñal le entraron unas ganas irrefrenables de carne asada. Se atrevió a contarle su deseo a su marido, que se afanaba en calentar su sopa de hierbas. Él estaba dispuesto a todo por ella y por ese hijo que esperaba, y prometió satisfacerla, pero ¿cómo? La carne era cara. El pollo más pequeño valía en el mercado diez veces más de lo que pesaba su delgada bolsa. Allí suplicó que le fiaran y ofreció a cambio sus brazos y sus servicios. Nadie le puso buena cara y él se volvió cabizbajo.

De regreso, pasó por un templo abandonado. Al pie de los muros se hallaba, tranquilo y oscuro, un estanque de juncos sagrados. Mientras caminaba por su orilla le sorprendió ver unos pájaros que alzaban el vuelo. De pronto se le ocurrió la idea de llevar a cabo una caza clandestina. Con el corazón palpitante corrió a su casa, tomó su arco y unas cuantas flechas y volvió al borde del agua.

Se puso en cuclillas detrás de una roca. El estanque bañado por la luna pálida, la paz y el silencio del viento invadieron por un momento su alma; después, el ruido del roce de unas cañas le hizo apretar el puño sobre su arma. A algunos pasos aparecieron dos ocas salvajes, un macho y una hembra, sacudiéndose el agua. El hombre disparó. Tras una breve conmoción, chillidos desesperados y batir frenético de alas, una de las ocas se sumergió en los reflejos y la otra se estremeció largamente y se quedó en el lodo. El cazador pasó entre las aliagas, saltó sobre ella, la agarró y volvió a su casa dando grandes zancadas lleno de excitación. Su mujer se había dormido. Él hizo el menor ruido posible, colgó el ave de la viga junto a un manojo de cebollas y se dijo que a la mañana siguiente su amada se pondría muy contenta. Luego se acostó al calor que ella le proporcionaba.

Cuando estaba a punto de dormirse oyó batir unas alas. Se incorporó, escuchó y pensó que su oca salvaje estaba, sin duda, únicamente herida. Encendió la lámpara de aceite y lo que vio lo dejó sin habla. La hembra del pájaro muerto revoloteaba alrededor de su macho, sin querer abandonarlo, lo había seguido hasta allí sin temer por su vida, y el pobre animal chillaba, le daba picotazos para que despertara, dispuesta a morir si él estaba muerto, tal vez rogando que la mataran. El hombre despertó a su esposa, le contó lo que había hecho y la llevó ante esos amantes indiferentes a su presencia. Los dos se quedaron boquiabiertos, cogidos de la mano, contemplando aquella desgarradora escena. Luego ella dijo, con los ojos llenos de lágrimas:

–Esposo mío, ¿devorar su carne? ¿Cómo iba a ser yo capaz de semejante crueldad? ¡Por nada del mundo! ¡Lo que espero es que me perdonen, si es posible!

Cuentan que después de ese día la esposa «abandonó su casa». Así hablaban antaño de quienes partían al convento a buscar la fuente de sus sueños. Su hijo fue monje. Dicen que en su retiro permanecía sordo a las voces humanas, pero hablaba con fluidez el lenguaje de las aves. El narrador no sabe nada del hombre, que se quedó solo en su casa. Quizá no tuvo historia. Quizá, en una eterna espera, aguarda todavía un milagro al borde del estanque de los juncos.

VII

HAZ DE TU VIDA UN HERMOSO RELATO

La vida de cada hombre es un camino hacia sí mismo,
el intento de un camino, el esbozo de una obra.
Nadie ha logrado ser por completo él mismo.
Sin embargo, todos tienden a serlo,
unos en la oscuridad y otros en la luz,
cada uno como puede.
(Hermann Hesse)

TRES PREGUNTAS

Atenas. Un callejón oscuro. Un hombre corre hacia el sol que baña la placita donde Sócrates trata de instruir a algunos jóvenes filósofos que se sientan en unos haces de paja. El intruso les interrumpe.

–¡Escuchadme, tengo que daros una noticia asombrosa!

Sócrates responde:

–Aguarda un momento. Antes dime: ¿es cierta, segura, exacta, está verificada?

–Lo ignoro –dice el otro–. Me la acaban de contar. Concierne a tu querido Platón.

–Por lo menos, ¿es buena, agradable de oír?

–Francamente, mucho me temo que no.

El hombre, sin embargo, parece impaciente por contarla. Sócrates insiste con calma, pero siente que le hierve la sangre.

–A pesar de todo eso, ¿puede serle útil a alguien?

–Yo no me planteo ese tipo de cuestiones. Cuento lo que me han contado, sin más.

–Recapitulemos –dice Sócrates–. Si tu noticia no es ni segura, ni agradable de compartir, ni útil para alguien, ¿qué puedo hacer con ella? Guárdatela y sigue tu camino, buen hombre.

EL GRAN VIAJE

Le llamaban Miseria. Y con mucha razón. No poseía ni un surco de tierra, su morada era una puerta abierta a una casa sin techo, su esposa, un sueño demasiado hermoso. Un día, en la taberna, lugar de encuentro de los extraviados, un viajero le dijo:

–Mendigo, se alquilan tus brazos en casa de un ricachón. No tienes una opción mejor.

Miseria vació su vaso, saludó con la cabeza y acudió a la rosaleda donde el hombre con el oro por castigo, una enorme barriga y cara de pocos amigos, bebía su té con canela.

–Ve a limpiar mis rediles. Te pagaré veinte céntimos al día. Barre, lustra, friega, perfuma. Los quiero más limpios que los del barón de al lado.

Miseria trabajó duro el mes de agosto y luego fue a reclamar lo que le debían.

–No te preocupes, hombre, te pagaré al final del año.

Llegó el día señalado. En casa del rico, banquetes y regalos. En casa del pobre, nada que llevarse a la boca.

–¡Pagadme lo que me debéis, por compasión, señoría!

–Yo no te debo nada, desgraciado. ¿Acaso firmamos un contrato? En absoluto. Aquí tienes diez céntimos. ¡Sal de mi vista!

Miseria, furibundo, apretó los puños con tanta fuerza que sus falanges palidecieron, pero no se atrevió a darle un puñetazo en la cara al que le estaba escupiendo.

Corrió a ver a un abogado, le contó su desventura y el otro contestó:

–Los ricos, querido mío, tienen razón por naturaleza. En consecuencia, también por naturaleza, los pobres nunca tienen razón. Es una ley inaceptable, pero aceptada desde siempre.

Miseria, desconsolado, fue a defender su causa ante un maestro de la bondad, recientemente establecido en el pueblo vecino. Le contó su enfado, su desgracia y su rebeldía.

–¿Qué podemos hacer contra el destino?

El hombre santo sonrió con tristeza y suspiró, mientras la pregunta quedó flotando en el aire. Entonces el pobre fue a consultar al ermitaño arisco, que sólo hablaba con los animales.

–El Buen Dios del confín del Oeste es el único que puede ayudarte. Pero, para llegar a él, tendrás que cruzar el río de Aguas Rojas, la montaña del Cielo Alcanzado y el acantilado de Fuego Negro. ¿Podrás hacerlo?

–Desde luego. Allá voy.

Caminó un día, caminó otro día, encontró una choza con un techo de paja enmarañado. Apareció una vieja en el umbral:

–¡Entra, joven viajero!

–No dispongo de tiempo, mujer. Tengo una cita (¡qué lejos está!) con el Buen Dios del confín del Oeste.

–¡Bienaventurado tú! Cuando veas su rostro, pregúntale por qué mi hija, mi perro y mi gallo están mudos como piedras.

–No dejaré de hacerlo –le contestó Miseria.

Después de atravesar tres bosques llegó por fin al río de Aguas Rojas. Nubes bajas y olas cortantes giraban y se subían unas en otras. Ni rastro de puente ni de barca. Nada. Se sentó en la hierba mojada con las rodillas dobladas bajo los brazos y vio que, de pronto, surgía de un torbellino el morro de un gran pez.

–Eh, buen hombre, ¿qué haces aquí? –gritó la criatura.

–¡Es imposible cruzar! Si pongo un pie, me voy al fondo. Ya no sé por dónde ir a ver al Buen Dios del confín del Oeste.

–Es fácil. Súbete a mi espalda.

Mientras surcaban las olas rojas, el pez porteador murmuró:

–Cuando encuentres al infinito Bienaventurado, pregúntale por qué, después de pasar mil años en estas aguas furiosas, no puedo alcanzar el mar y convertirme en un dragón azul.

Miseria dio un golpecito al flanco de su montura.

–Descuida, lo haré.

Un nuevo camino arduo, nuevos pájaros negros sobre su cabeza. La montaña del Cielo Alcanzado apareció de pronto ante su vista. «Y ¿cómo voy a escalar este farallón inverosímil? ¡Si ni siquiera pueden hacerlo mis ojos!». Se dejó caer sobre una piedra llana y lloró como un hombre en duelo. Entonces, entre la niebla de las lágrimas, vio que se acercaba un anciano. La barba le caía hasta los pies y revoloteaba a su espalda todo lo lejos que alcanzaba la vista. Apoyado en su bastón, le dijo:

–¡Venga, camarada, ánimo! Sé que vas a ver al Buen Dios y que tienes que cruzar la montaña que yo vigilo desde hace veinticinco mil años. Espérame un momento. Voy volando a la cima, dejo caer mi barba y tú la agarras y te reúnes conmigo. Pero, favor por favor, como dicen en tu país de abajo. Cuando veas el santo rostro, pregúntale (él tiene que saberlo) por qué me atormento intentando alcanzar por fin el cielo de la sabiduría última.

–Trato hecho –le dijo Miseria.

Dejó atrás el monte y emprendió una nueva ruta aún más áspera. Refunfuñando, obligó a sus pies y a su garganta ronca a que le obedecieran. Por fin llegó al acantilado, ante el Fuego Negro. Ni rastro de horizonte ni de camino. De pronto se vio minúsculo como un mosquito recién nacido en la primera noche del mundo. Se oyó un sordo gruñido en la roca y surgió un dragón de la hoguera como si estuviera en la puerta de su casa.

–Hace mil años que ardo aquí. ¡Ya no puedo más! Ignoro qué es lo que me prohíbe el cielo y las nubes. Sé que vas a ver al Buen Dios. Pídele noticias mías y vuelve para darme razón. ¡Cabalga sobre mí y cierra los ojos! Has llegado, amigo.

Y aquí tenemos a Miseria, sentado ante un bol de té. Frente a él, el Eterno.

–Estarás muy cansado, pequeño –le dice el abuelo celeste–. Bebe, que no se enfríe, y cuéntame lo que quieres. Te escucho.

–Trabajé para un ricachón que me pagó con insultos. Tan sólo pido que se me haga justicia. También tengo que hacerte algunas preguntas importantes en nombre de unas extrañas criaturas que me han ayudado.

La santa Faz respondió:

–¿Qué te importa más, hijo mío? ¿Tú mismo o esos desgraciados seres que te han conducido ante este fuego donde estás ahora tan a gusto? Yo no puedo contentarlos a todos. Escoge a quién debo responder.

Miseria dudó un momento, luego se dijo: «Mal que bien, yo puedo efectivamente vivir sin una respuesta a mis desgraciadas cuestiones. Me las arreglaré, mientras que ese pez raro, ese viejo barbudo, ese dragón triste y esa casa silente, al inicio de mi camino, probablemente tienen más necesidad que yo de que los saquen de dudas».

El Buen Dios le oyó pensar y le dijo:

–Al dragón perdido en su acantilado de Fuego Negro, le contesto esto: en su gaznate hay un guijarro. En ese guijarro está el poder de reinar sobre el pobre mundo. Que lo escupa y saldrá volando a conocer el vasto cielo. El viejo del monte del Cielo Alcanzado tiene dos granos de oro en los oídos. Le hacen creer que la paz se gana a fuerza de batallas, que el sufrimiento es virtuoso y que la sabiduría se alcanza a marchas forzadas, en la oscuridad. Que se los lave con agua fresca y podrá venir a verme cuando, por supuesto, sea capaz de volar. El gran pez, en sus Aguas Rojas, se alimenta del alga insidiosa a la que llaman Miedo-de-todo. ¡Que huya de ella! El océano le espera. Por último, la hija de la anciana recuperará la voz que ha perdido desde el momento en que te vea regresar. ¡Vete y sé feliz!

Y lo fue. Distribuyó a cada uno el remedio adecuado a sus cuitas y, cuando por fin llegó a la casa cubierta de paja, el perro acudió a lamerle las manos, el gallo cantó levantando el pico, la vieja fue a su encuentro y le ofreció galletas secas. La hija le dijo:

–Hermoso mío, ¡cuánto tiempo llevo esperándote!

Se casó con ella el día de Año Nuevo. Eso es, por supuesto, lo que dice el cuento, que nunca miente.

DOS LOBOS

Un campamento siux en torno al fuego de la tarde. Una nube pasa y descubre la luna. El rumor de un canto naciente, en el que las voces pronto se multiplican, reaviva las estrellas amadas de las noches humanas. El único que permanece en silencio, cabizbajo, junto a su abuelo, es el nieto de Bisonte Negro. El viejo lo observa con atención, después lo empuja con el hombro y le dice, con cara de preocupación:

–¿Qué te inquieta, hijo mío?

El joven responde, porfiado:

–Estoy enfadado. Un amigo; no, un perro apestoso ha traicionado un secreto de amor que le había confiado. Me llevan los demonios y reviento de odio.

El canto se eleva en la noche, donde velan vidas invisibles.

–Cuando yo era joven –dice el anciano con voz suave–, también odiaba a veces a los hermanos podridos que me habían ensuciado hasta los huesos. Necesité muchas estaciones para ver claramente la evidencia. Odiar es algo tan loco como beber un veneno y esperar que el otro muera por ello. A veces caí en trampas de ese estilo. He aprendido a evitarlas.

El muchacho vacila un momento y luego dice, con ojos esperanzados:

–Enséñame, abuelo.

De pronto, las estrellas parecen acercarse al hombre tranquilo que habla.

–En tu pecho y en las brumas de tu mente viven dos lobos. Uno es una buena compañía. Su nobleza es sencilla y evidente. Abandona sus posibles rencores en el polvo del camino y no lucha más que por el amigo, el justo, el pobre o el débil. El proverbio dice que es bueno escoger a este lobo como hermano, pues conoce el honor de vivir y los secretos del bosque. El otro lobo siempre está amargado. Se cree orgulloso, ¡pobre de él!, pues sólo está henchido de arrogancia. La menor ofensa le resulta insoportable, lo llena de rabia, lo enloquece y lo deja sin voz. A este lo conoces, hijo. ¿Oyes cómo gruñe en tu garganta? ¿Ves cómo agita tu sangre? ¿No sientes su negro aliento infestando tu corazón y tu cabeza?

Bisonte Negro se calla un instante, toma del hombro al joven y murmura junto a su mejilla:

–Cada uno de esos dos puede gobernar tu vida.

–Tú, que lo sabes todo, abuelo, dime ¿cuál es el más fuerte en mí?

–El que alimenta tus pensamientos y tus deseos. ¿Cuál quieres tener como compañero? Escoge, porque, en realidad, el único que manda, hijo mío, eres tú.

Se apagan las voces de los hombres. Un puñado de leña en la hoguera reanima las miradas y los rostros. El canto de una manada de lobos echa a volar, a lo lejos, hacia las estrellas.

–¿Los oyes? –dice Bisonte Negro–. Llama a tu hermano y acudirá.

Su nieto sonríe a la noche infinita.

CABALLO LOCO

El 5 de octubre de 1877 Tashuma Uico, llamado Crazy Horse, muere en la reserva de Robinson, donde había aceptado vivir. Crazy Horse, Caballo Loco, fue el último jefe siux libre. Tras él se abrió el tiempo de las reservas, en las que los indios fueron encerrados y sistemáticamente diezmados. Había vencido a las tropas del general Custer al término de una batalla famosa. Por eso, los yanquis le construyeron una reputación de ferocidad de una magnitud acorde con su odio. Crazy Horse, sin embargo, era un hombre pacífico. Poco antes de su muerte dijo:

–Yo no era hostil al hombre blanco. Cabellos Largos (Custer) nos habría masacrado si no nos hubiéramos defendido y luchado hasta la muerte. Nuestro primer impulso fue huir con nuestras mujeres y niños, pero estábamos rodeados. Por tanto, hubo que luchar.

Se sometió porque estaba cansado de la guerra. Se dejó conducir al campo Robinson con los de su tribu. Esperaba la paz. Una mañana, un destacamento del ejército americano invadió la reserva y rodeó su cabaña. Él salió al umbral y vio a los soldados. Entonces se irguió y entonó el canto de muerte de su pueblo. Le respondieron dos voces. Su padre y su madre cantaron con él, sin una palabra de rebeldía. Cuando los fusiles escupieron, Crazy Horse cayó de espaldas, con su canto en la garganta. Acababa de morir un pueblo; un pueblo y un hombre, por el que se recitó la antigua plegaria de los siux: «La vida no es nada, hermano. Es el resplandor de una luciérnaga en la noche, el aliento de un bisonte en invierno, la sombra que corre por la hierba y se pierde en el crepúsculo».

LA TABLA DEL GEOMÁNTICO

Farid Uddin Attar habló así una tarde a su discípulo, mientras contemplaban juntos una lluvia de estrellas fugaces:

–¿Te has fijado en ese mago de la plaza del zoco que se inclina sobre su tablilla de madera espolvoreada de arena fina? Es un geomántico. Traza líneas y figuras, dibuja constelaciones, interroga a la luna y al sol, coloca la casa de la muerte entre los signos del zodíaco, observa un astro y otro, su declive y su ascenso; predice, en fin, el futuro, sus alegrías y sus posibles guerras. Cuando se ha dicho todo, bueno o malo, agarra su tabla por una esquina y la sacude. La arena sale volando y el viento se lleva la tierra y el cielo, el pasado y el futuro, los dibujos y las estrellas. Ya no queda nada de lo que fue, nada más que una tablilla desnuda.

El mundo está hecho a su imagen. Si tú no puedes resistir sus llamadas, sus tentaciones, no te andes con rodeos. Siéntate en un rincón y duérmete. No sabes nada del universo. Si no tienes la valentía y la paciencia obstinada que necesitan los seres del Camino, aunque seas tan fuerte como una montaña, no vales ni una brizna de paja.

EL VENENO

Había una vez una suegra abusiva. Su nuera ya no la soportaba. Vivían bajo el mismo techo, que era, claro está, el del hijo y esposo. Él no quería saber nada de sus ardientes lamentaciones y por eso, tratando de evitar a sus mujeres, se había convertido en un cobarde de altos vuelos. En realidad, sabía, aunque no lo decía, que la verdadera plaga de las dos era su madre, quien siempre estaba murmurando que el arroz estaba pasado y la sopa tibia, que la casa apestaba a establo y que su nuera (¡mira por dónde!) se maquillaba como una puta. Sucedió que la nuera, harta de insultos, acabó una noche de insomnio por sentir en su corazón un odio tan sincero que decidió, para mal o para bien, acabar con ella sin más.

Había oído hablar de una bruja solitaria que decían que era experta en medicina natural. Sus plantas lo curaban todo y sus venenos también, para siempre (un rumor apenas susurrado, pero que se consideraba indiscutible). Pues bien, una mañana decidió ir a pedirle consejo.

Sabía más o menos dónde estaba su cabaña. Un día, en un paseo triste, la había divisado a lo lejos, adosada a una roca gigante al fondo de un angosto valle. El corazón de la aprendiz de asesina corrió más deprisa que sus pies. Se detuvo en el sendero, a diez pasos de la casucha, y dudó si dar media vuelta. Del techo salía humo y la puerta estaba entreabierta. Oyó:

–¡Entra, hija mía!

Un escalofrío le recorrió el cuerpo. Después, sin pensarlo dos veces, obedeció.

Descubrió en la penumbra a una mujer frágil y sin edad. Iba vestida únicamente con un saco y tenía por cabellera un matorral que le cubría el cráneo y el rostro, mezclado con telarañas, ramitas y trocitos de paja. La mujer apartó de un gesto su melena y apareció un rostro de una extraña juventud. Sus ojos eran dos diamantes negros luminosos y penetrantes. Mientras pelaba las cebollas para su sopa, su visitante, con la cabeza baja, le contó su odio y su deseo. La bruja escuchó sin dar muestras de emoción y luego respondió:

–El arte del veneno exige una sutil habilidad. Conviene no despertar sospechas y, por tanto, hay que avanzar hacia la muerte mediante débiles dosis, a pequeños pasos. Voy, pues, a darte estas hierbas tóxicas que no tienen prisa en actuar. Para estimular su malignidad, tendrás que dar masajes a tu vieja suegra dos veces al día, por la mañana y por la tarde. Ella no querrá que la cuides, evidentemente, te detesta. Tú verterás quince gotas de este brebaje secreto en su bol de arroz cotidiano. Estará enferma cinco días. Luego se dejará manejar. ¿Alguna pregunta? Que tengas suerte, detesto repetirme.

La receta de la bruja fue seguida de modo impecable. Sin embargo, lo que llegó a la casa no fue la muerte prometida, sino la vida, una vida simplona, una vida tiernamente despertada. La esposa se dedicó con tanto empeño en dar masajes a la piel de la anciana, que la otra gimió de placer, suspiró de gusto con las nalgas al aire, y confesó que eso le sentaba bien. Una noche, cuando volvía a vestirse, llegó a murmurar:

–Gracias, pequeña.

Su nuera, al principio, se llenó de asombro, y luego sintió que era una buena hija por reavivar ese cuerpo marchito. Una tarde se dijo: «¡Qué horror! A base de trocitos de hierba traicionera estoy matando a esta pobre viejecita que sufre en su corazón».

Al día siguiente, nada más alzó el vuelo el sol sobre el horizonte, corrió a ver a la bruja envenenadora, balbució palabras de disculpa y juntó las manos para suplicar algún milagro que curara a la suegra enferma. La otra sonrió y se le alegraron los ojos bajo su matorral desgreñado.

–No te preocupes, guapa. La muerte no necesita que le ayuden a hacer su cosecha de personas. Mis tisanas sirven a la vida, aunque yo diga lo contrario. Has hecho lo que yo esperaba. Ven aquí, que te dé un beso en la frente.

Después de aquel día, la joven volvió con frecuencia a la cabaña situada entre las rocas del valle. Aprendió a hablar a las hierbas, a los árboles, a los guijarros y al torrente. Hizo todo el bien que pudo. Dios no le pedía más.

LA APUESTA

Había una vez, bajo el poderoso sol aficionado a las terrazas, un palacio marrón con puertas rojas, el palacio de un sultán de mirada avariciosa y temible. Lo poseía de los pies a la cabeza una pasión tan fútil como tiránica: se lo apostaba todo. Era imposible ganarle. Sólo hacía envites cuando estaba seguro de triunfar. Y no había modo de rechazar el honor de morir por una menudencia, pues era evidente que el perdedor de turno podía decir adiós a su cabeza. Su Majestad lo mandaba al otro barrio de un divertido sablazo.

La vida retozaba así, entre el terror y la huida sigilosa, hasta aquella mañana corriente en que un equipo de carpinteros llamados a alguna tarea depositaron un montón de ladrillos contra el muro norte del patio. El sultán iba en ese momento a la cuadra a consolar a su caballo, que estaba enfermo. Entre dos zancadas alzó la mano y gritó:

–¿Quién quiere apostar conmigo?

Se detuvo y volvió a rugir, contemplando a quienes tenía alrededor:

–Desafío al que se considere capaz de transportar esta enorme pila de ladrillos desde la muralla norte hasta la muralla sur antes de que se ponga el sol.

Alrededor, pánico mudo. Cada uno se agazapó tras la espalda del vecino, o retrocedió hacia la sombra y se acurrucó hasta que, de repente, ¡sorpresa!, un joven orgulloso se plantó delante del tirano.

–¿Cuál es la apuesta? –preguntó tranquilamente.

–Para el ganador, diez jarras de oro.

–¿Y para el perdedor?

–Que le corten la cabeza.

El hombretón dijo con voz firme:

–Acepto el envite, rey de reyes. Con la condición (escúchame bien) de que se te conceda la ventaja de interrumpir el juego, si quieres, en cualquier momento del día. En ese caso, yo habré ganado sólo una jarra de oro. Casi nada.

Al sultán se le oscureció la mirada. La petición era absurda. Se dijo: «¿Qué esconde este mequetrefe? ¿Qué treta quiere jugarme? Está muerto de antemano, lo sabe. Luego actúa con astucia, va de farol. ¡Pobre loco! ¿Abandonar yo, el invencible? ¡Vamos, qué poco me conoce!».

–De acuerdo –gruñó el monarca–, te toca jugar, compañero.

El muchacho se arremangó, se escupió valientemente en las manos y, canturreando, se acercó a los ladrillos. El montón era dos veces más alto que él. Contempló su cima, luego cargó una docena de ladrillos sobre su pecho desaliñado y, sin darse más prisa que un soldado en tiempos de paz, atravesó el patio desde la sombra del muro norte hasta el soleado sur. Ocupó en ello una buena hora. Al tirano le bastó una ojeada: a la derecha un montón ridículo, a la izquierda, a unos cien pasos, una pila apenas mermada. Y, sin embargo, el chico silbaba como un mirlo, aparentemente contento con el trabajo realizado. Cuando pasó junto a él, el rey le lanzó:

–Admite que has perdido. ¿Por qué te empeñas? Estás muerto.

–Todo lo contrario, príncipe del mundo, estoy más vivo que nunca.

El sultán frunció el ceño:

–¿Cómo, bandido?

–Has olvidado algo –respondió él, risueño–, algo que será tu perdición antes de que anochezca.

–¿El qué, mil millones de avispas? –graznó el eterno ganador.

El joven, mientras se alejaba, dijo:

–Un detalle, un simple detalle.

El tirano se desesperaba. ¿Qué demonios se le había pasado por alto? Repasó con cuidado las palabras de aquel ladino que parecía tan seguro de sus armas, ocultas en algún lugar bajo su frente. No encontró ni trampa ni cartón. Después de cinco horas, la pila de ladrillos seguía siendo de una arrogancia que desafiaba a treinta carpinteros. Lógicamente, no había suspense. Sin embargo, se le quebró la voz:

–¿Sigues estando seguro de ganar?

–Más que nunca –respondió el otro.

–¿Qué se me ha olvidado? Confiesa, dímelo.

–Ya te lo he dicho, extraño príncipe. Una tontería de nada.

El sultán enrojeció de pronto, exasperado:

–¡Qué nervioso me pone! Mira este montón. Te queda una hora. Ya no puedes más. ¿Y entonces? ¿Acaso eres un *yinn*? ¿Un mago? ¿Vas a ordenar a estos ladrillos que se echen a correr hasta tus pies?

El muchacho soltó una carcajada.

–¡Es mucho más sencillo que eso!

–¡Quiero saberlo, brujo, lo exijo!

–¿Paramos el juego?

–Está bien, de acuerdo. Y te doy la jarra de oro, no importa. Es tuya. Entonces, dime, ¿cuál es ese detalle fatal?

El joven suspiró de alivio, dejó caer los diez ladrillos que sujetaba con la barbilla y dijo:

–Tu error, príncipe de los creyentes, es haber fabricado la trampa en la que tú mismo has caído. Estás lleno de miedos, de codicia y de dudas. Para conducirte donde yo quería, ha bastado (nada más sencillo) con alimentar tus demonios como el fuego bajo el caldero. Nunca he deseado vencerte en este raro juego. ¿Diez jarras de oro? Pesan demasiado para mí. ¡Una sola me hace feliz! He jugado sólo por ella.

Levantó su sombrero azul:

–¡Buenas tardes a todos!

Salió por la puerta roja. ¿A dónde fue? Lo ignoro, no lo dijo. Buenas noches.

EL CONCURSO DE TIRO CON ARCO

¿Cómo entró Hoshiro Kanzemon en la elevada leyenda del Bushido, la vía de los nobles samuráis? Esto es lo que se dice de aquel día memorable, pero sepamos primero qué sabían antaño incluso los ancianos ante el fuego.

Todos los años, en la época de los sogunes, en el templo de los mil Budas de la ciudad de Kyoto, los grandes hombres y el pueblo llano asistían al principal concurso de tiro con arco, que reunía frente a las dianas a los incontestables campeones de este arte tradicional, exaltante como el que más. La primera regla era lanzar múltiples flechas en una galería cubierta de unos sesenta pasos, y vencía el arquero que diera más veces en el blanco situado al fondo. Evidentemente se necesitaba una técnica irreprochable, una energía indestructible y, sobre todo, un alma fuerte capaz de transportar a un hombre más allá de las quejas del cuerpo. En esta prueba Hoshiro Kanzemon era el maestro al que admiraban sus iguales. Su proeza –disparar diez mil flechas y que ocho mil dieran en el centro de la diana– se mantenía inigualada quince años después. Seguía siendo para todos «el primero bajo el Cielo».

Llegó entonces Wasa Daichiro, un joven samurái de palabra sencilla y recta, y fama sin brillo, pero ciertamente respetable. Se presentó al concurso y fue admitido inmediatamente. Disparó sin preocuparse del mundo. Un rumor jubiloso invadió pronto al público, pues acababa de clavar, en un tiempo sorprendente, cinco mil flechas en el objetivo. Se concedió un momento de reposo. Grave error, pues se enfrió. Cuando se puso de nuevo a la tarea, ya no tenía fuerzas, le dolía todo. Cayó de rodillas, sin aliento. Entonces, un miembro del jurado se levantó de entre sus compañeros y abandonó el estrado de honor. Se acercó al joven exhausto, masajeó su espalda y sus músculos sin cesar de reprocharle su inoportuno descanso, y después volvió a su sitio, mientras el arquero antes paralizado proseguía con fuerzas renovadas sus disparos infalibles. Más de ocho mil flechas alcanzaron su objetivo. Se convirtió, en ese día sin igual, en el nuevo «primero bajo el Cielo».

Cuando el concurso tocó a su fin, el vencedor se acercó al estrado a inclinarse ante el desconocido que le había socorrido tan bien.

–Mil y mil gracias –dijo–. Sin ti nunca hubiera vencido al gran Hoshiro Kanzemon. Dime tu nombre para que lo honre cada día.

–¿Mi nombre? –le contestó el maestro–. Ya lo conoces, amigo. Acabas de pronunciarlo.

¿Cómo entró Hoshiro Kanzemon vivo en la leyenda? Ofreciendo la victoria a su rival. Hoshiro, aquel día, se venció a sí mismo. No hay mayor hazaña.

LA EFÍMERA Y EL GUSANO LUMINOSO

Una libélula menuda, también llamada efímera, se encuentra una hermosa mañana con un gusano luminoso que está de buen humor. Ella le dice:

–Compadre viviente, ¿qué es esa lucecita azul que veo sobre tu vientre?

El otro responde:

–Es mi linterna. Me ilumina al llegar la noche cuando busco qué comer en el barro espeso, al pie de los árboles.

El bichito, asombrado, exclama:

–¿Por la noche? ¿De qué demonios me hablas?

–De cuando se duerme el padre sol, al extremo del oeste, en su lecho rojo.

La efímera bate las alas.

–¿Que el padre sol se duerme? Vamos, bonito, estás de broma. ¿Alguna vez, memoria de libélula, le hemos visto cansado de colmarnos de luz, a él, que vela siempre? ¡Qué absurdo! Piensa un poco. Yo he nacido esta mañana, pronto será mediodía, he atravesado ya la mitad de mi vida y nada allá arriba dice que el día disminuya. Tú ves borroso. Cuídate, es lo mejor que puedes hacer. Adiós, señor gusano luminoso.

–Adiós, señora efímera.

«¿Cómo podría ella entender? –se dice el gusano–. A quien no conoce la noche, ¿cómo hablarle de las estrellas? En fin, la vida es mil veces más vasta de lo que nunca sabremos».

–Cállate –le dijo un pájaro que pasaba por allí–. Piensas demasiado alto, me molestas.

Un picotazo y se acabó el gusano. La efímera, sobre una brizna de hierba, baña sus alas de sol.

LO QUE DICEN LOS PÁJAROS

¡Toquen los tambores, suenen los clarines! Aquí llega, marchando imperturbable y seguro hasta donde espera el enemigo, el ejército más poderoso del mundo: sol cautivo en mil armaduras, caballos negros de estribos de oro, lanzas erguidas hacia el cielo azul. El sultán Mahmud está contento; nada turba su serena confianza Lo acompañan nubes de pájaros, signo de que la gloria lo aguarda.

Por su camino viene un derviche, un vagabundo vestido de harapos. ¿De dónde habrá salido? Es un misterio. Se detiene ante la montura del rey y clava el bastón entre sus pies. El monarca es supersticioso. «¿Y si este hombre errante (quién sabe) fuera uno de esos sabios que se ocultan en los bosques?», piensa. Tira de las riendas, lo saluda y dice:

–Santo eremita, bendice a mis hombres, mis caballos, mis armas, mi vida.

El hombre suspira.

–¿Bendecirte? Tú no me necesitas. Los pájaros que revolotean allá arriba te han bendecido y lo hacen una y otra vez.

–Entonces, ¿conoces su lengua?

–Sí.

–De modo –dice el monarca– que celebran de antemano esta inevitable victoria que me convertirá en el sultán más afortunado de este mundo. ¿Y qué dicen exactamente?

El vagabundo permanece callado largo rato. Le brillan los ojos, pero con frialdad.

–Cantan tu guerra, Mahmud. Cantan las ruinas cercanas, donde podrán anidar sin miedo; las ciudades devastadas por doquier, sus deliciosos festines de gusanos en los cadáveres abandonados;

la maleza salvaje que cubre los palacios, devueltos a los bosques renacientes. Cantan tu fin, sultán, y el de la gente como tú.

Blande frente al rey su ridículo bastón. Se aleja sin decir una palabra más. Por el camino ya no hay ningún derviche, y en el cielo ningún pájaro.

EL CÍRCULO DEL MUNDO

Antaño, cuando los amerindios rezaban al Gran Espíritu, decían: «Protege a mi familia y protege a mis seres cercanos». Y ¿sabes quién era su familia y quiénes eran sus seres cercanos? Era todo lo que vivía en el círculo del mundo, sus hermanos humanos, los bisontes, los coyotes, sus primos los pájaros, las hormigas, incluso los piojos, los árboles, los arbustos, las hierbas y las flores. Y en este círculo del mundo todos los seres vivos hablaban el mismo lenguaje, los animales podían transformarse en hombres y los hombres podían convertirse en zorros, en ciervos, en lobos y en ardillas.

Aquel tiempo se encuentra hoy en el fondo de la vida, oculto por una bruma espesa. Los que se aventuran a atravesarla son extraños cazadores. Su memoria es poderosa y valiente. Bienaventurados sean.

ÍNDICE GENERAL

A modo de preludio 7

I. Venir al mundo

La fuente de los cuentos 13
El tañedor de laúd 14
El escondite 17
La música del corazón del mundo 18
El copo de nieve 20
Cantar el mundo 21
¡Viva a la vida! 22
La mujer Bisonte Blanco 24
El inmortal 27
Siete preguntas 30

II. La ilusión fecunda

Flor azul 33
Las mujeres que saben 35
La carretera en la zanja 37
Un poco de agua 39
El pincel mágico 41
Dos amigos una noche de nieve 45
La historia 47
La aparición 49
La visión 51
Las dos vidas del viejo monte 54
La herencia 57
Ver el océano 58

III. Los poderes del encantamiento

Un rey, un eremita y una historia 61
La gran controversia 65

Un viaje al paraíso 67
El árbol 70
El albergue 71
El espíritu de las palabras 73
Primer ministro 75
El bufón maestro 77
El agua del paraíso 79
El curandero 81
La voz 82
Un destello de verdad 83

IV. Contra viento y marea

La cuestión 87
El canario 88
Lo que ocurrió el día de la boda de Abdul 89
La ofensa y el favor 92
El halcón blanco 94
El ruiseñor 97
A resguardo de la desgracia 99
La paloma y el gavilán 101
El maldito 103
Un poco de miel 105
El palacio agrietado 106
El canto del guerrero 107

V. Todo acaba por ser verdad

Los sabios y el león 111
El lado bueno de la rebanada 113
El mosquito 115
La viga 116
El taparrabos 118
Las sonámbulas 121
La aureola 122
La pasarela 124
El oso y el descreído 125
¡Buen provecho! 127
El mendigo 128
Diógenes 130

VI. Suscitar la ternura que calienta los corazones

Una mujer y un tesoro 133
Una boda en el país de lo alto 135
Dar en el blanco 139
Hakuin y el niño 140
El cantor de la vida 142
El corazón de la madre 144
La oración del pastor 148
El maestro de la bondad 149
Los *jizo* con sombreros de paja 151
Oshin 153
El malabarista 156
El gato 158
Las ocas salvajes 161

VII. Haz de tu vida un hermoso relato

Tres preguntas 165
El gran viaje 166
Dos lobos 170
El caballo loco 172
La tabla del geomántico 173
El veneno 174
La apuesta 177
El concurso de tiro con arco 180
La efímera y el gusano luminoso 182
Lo que dicen los pájaros 183
El círculo del mundo 185